ontwerpen met gevoel en visie

Bart Hoes

Tuinen

Kosmos-Z&K Uitgevers,
Utrecht/Antwerpen

colofon

GROEN BOEKERIJ

Kosmos-Z&K Uitgevers, Utrecht/Antwerpen

www.boekenwereld.com
www.groenboekerij.nl
www.groenboekerij.be

Omslagontwerp en vormgeving binnenwerk:
Teo van Gerwen Design, Waalre

ISBN-10: 90 215 8055 1
ISBN-13: 978 90 215 8055 5
D/2006/0108/272
NUR 425

inhoud

voorwoord

Met enige regelmaat geef ik lezingen waarbij – hoe kan het ook anders – het ontwerpen van tuinen als centraal thema op de agenda staat.

Tijdens deze bijeenkomsten van en voor tuinliefhebbers blijkt de interesse voor de manier waarop een tuinontwerp in de praktijk tot stand komt erg groot te zijn. Levendige discussies over wat wel en niet gangbaar is, roepen vragen op waarop een creatief antwoord mag worden verwacht. Mensen komen met vragen zoals: 'Hoe begin je?', 'Waar begin je?', 'Waar moet je op letten?', 'Waar haal je de inspiratie vandaan?', maar ook: 'Hoe ga je om met een opdrachtgever?', 'Wat kost de aanleg van een tuin?', 'Hoe vind ik een goede hovenier?' en 'Wanneer is de tuin nu klaar?'. Dit zijn steeds terugkerende vragen die ervoor zorgen dat je zelf, als creatieve spil binnen het ontwerpproces, goed bij de les moet blijven en vooral met beide benen op de (tuin)grond moet blijven staan.

Dit boek is geschreven omdat ik vind dat het ontwerpproces heel boeiend is – en gelukkig vinden velen dat met mij. Het is een dankbaar en heerlijk onderwerp om over te kunnen vertellen. Dit boek geeft antwoord op veel gestelde vragen. Van schetsontwerp tot uitvoering, van intakegesprek tot oplevering van de tuin: het komt allemaal aan bod. Met mijn verhaal probeer ik op inspirerende wijze inzicht geven in de manier waarop mijn collega's en ik dit proces ervaren en welke rol wij, maar ook de opdrachtgevers daarin spelen.

Er ligt echter nóg een motivatie ten grondslag aan dit boek. Inmiddels heb ik ruim twintig jaar ervaring als ontwerper van tuinen en (stedelijke) landschappen en ik merk dat nu ook het grote publiek behoefte heeft aan bredere informatie over wat we doen en over de manier waarop we in ons beroep als vormgevers van buitenruimte bezig zijn. Hopelijk draagt dit boek eraan bij ons vakgebied meer toegankelijk en laagdrempelig voor alle (toekomstige) tuineigenaren te maken.

Vaak laten tuinboeken alleen maar foto's zien van tuinsferen, zonder een duidelijke relatie met het huis. Dat was voor mij reden om de architectuur eens wat meer aandacht te geven, want uiteindelijk is het huis bepalend voor de indeling van de tuin. Huis en tuin vormen een onlosmakelijke eenheid, en uitstraling, volume, stijl en gevelindeling van het huis zijn de basis om tot een passende hoofdstructuur voor de tuin te komen.

Tuinen ontwerpen doe ik met een bepaald gevoel en een duidelijke visie. Ik moet goed kunnen onderbouwen waarom ik bepaalde keuzes hebt gemaakt, maar ook waarom ik andere niet heb gemaakt. Een tuinplan is bovendien pas geslaagd als ik met het juiste gevoel de individuele wensen van de opdrachtgever op een juiste manier heb vertaald. Een tuin is naar mijn idee goed en af als na realisatie blijkt dat mijn visie klopt met zijn werkelijkheid.

Maar om mezelf te toetsen en om te zien of ik hiermee op de goede weg ben, heb ik de stoute schoenen aangetrokken en een paar collega-tuinontwerpers (niet zomaar de eersten de besten) gevraagd hun medewerking aan dit boek te verlenen. Daarom laten Piet Oudolf, Dick Huigens, Janine ten Horn, Henk Gerritsen, Henk Weijers (postuum) en uit België Pieter Croes en Bart Haverkamp in dit boek voorbeelden van hun werk zien. Ik heb daarmee de kans gekregen om inzicht te krijgen in hun visie op de hedendaagse tuin, maar ook het moment gegrepen om onderzoek te doen naar hun persoonlijke voorkeuren en inspiratiebronnen. Soms was dat verrassend, maar ik kon toch vooral veel overeenkomsten vaststellen. Bij allemaal spreekt uit hun werk een sterke liefde voor de natuur – niet alleen om wat de natuur ons leert en te bieden heeft, maar we zijn ons er ook van bewust dat we het voorrecht hebben om anderen door middel van onze creaties deelgenoot te laten zijn van ons natuurgevoel.

Om dit boek niet al te bont te maken en om te voorkomen dat er een overdosis aan indrukken ontstaat, gebruik ik uitsluitend het fotomateriaal van onze gezamenlijke tuinvoorbeelden. Ik heb de foto's steeds per thema bij elkaar gezocht als visuele ondersteuning van het verhaal over het ontwerpproces. Het resultaat is een zeer rijk geïllustreerd werk. De meeste van de prachtige foto's zijn gemaakt door fotograaf Henk Dijkman.

Bart Hoes

‘Elke tuin heeft een G-spot. Deze G-spot (*Garden spot*) staat voor de plek in de tuin die een plotselinge, heftige emotie losmaakt, veroorzaakt door de juiste combinatie van geur, kleur en innerlijke beleving die maar op één plekje in de tuin te vinden is. Als je lang genoeg zoekt, vind je hem vanzelf’

Bart Hoes

Introductie

De introductie van tijdloos vormgegeven architectuur en dito leef- en interieurstijlen heeft duidelijk, als blijvende trend, zijn invloed op de hedendaagse tuinarchitectuur.

Die ontwikkeling kenmerkt zich door de combinatie van nieuwe en traditionele materiaaltoepassingen. Zo ontstaan er verrassende composities, waarbij eenvoud de boventoon voert. Tegelijkertijd is er wereldwijd een nieuwe ontwikkeling gaande waarbij de beplanting op een andere manier dan vroeger centraal staat binnen de vorm te geven ruimte. Uitgangspunt daarbij is de manier waarop planten zich in de natuur manifesteren. Deze benadering vertaalt zich binnen de tuinkunst van nu in een wat ongedwongen en ecologische toepassing van met name vasteplantengroepen.

Nieuwe voeding en inspiratie

Deze beide ontwikkelingen zorgen ervoor dat klassieke patronen en denkwijzen over de invulling van tuinen en landschappen worden doorbroken en dit geeft nieuwe voeding en inspiratie aan het enigszins vastgeroeste ontwerpproces. De natuurlijke manier van denken en die manier durven toepassen zijn duidelijk als nieuwe stroming te beschouwen, misschien wel te betitelen als 'naturalistisch ontwerpen'.

Tegenbeweging

Ik zie deze manier van ontwerpen als een duidelijke tegenbeweging van de verstedelijking van de leef- en woonomgeving. Het grote publiek verlangt een wat natuurlijkere uitstraling binnen het stedelijke gebied, maar zeker ook daarbuiten. Het hoeft allemaal niet meer zo gekunsteld te zijn. Maar een gestileerd beeld tussen weelderige beplanting werkt heel goed en kan en

mag natuurlijk nog steeds worden toegepast. Het is zelfs onmisbaar, omdat contrast tussen elementen de beleving van die elementen in principe sterker maakt. Wat in grote lijnen positief is, is de tendens dat binnen de tuin- en landschapsarchitectuur de natuur als basis de inspiratiebron vormt, die zich steeds sterker manifesteert.

Een paar van de gerenommeerde ontwerpers uit Nederland en België die in dit boek aan bod komen, met Piet Oudolf als belangrijkste exponent, zijn al veel eerder het avontuurlijke pad van deze nieuwe beweging ingeslagen en hebben daar met hun werk inmiddels ook schitterende resultaten van laten zien. Anderen, zoals ikzelf, vinden hierbij aansluiting en maken dankbaar gebruik van de opgedane kennis die – hoe onverwacht ook – vrij wordt uitgedragen en bijdraagt aan een diepere beleving van ons vak tuinarchitectuur, een beleving die erom vraagt met elkaar gedeeld te worden.

Het is goed om te zien hoe wij elkaar als tuinontwerpers niet alleen respecteren maar bovenal kunnen inspireren en dus niet alleen de architectuur of de natuur als inspiratiebron gebruiken, maar ook elkaar. Eigenlijk is dat niet meer dan logisch. Tenslotte staat in ons werk de mens centraal en hij geeft

de schaal aan waar wij met onze creaties rekening mee blijven houden: de menselijke schaal.

Seizoenswisselingen

Er is nog een ander intrigerend aspect dat tuinarchitectuur zo boeiend maakt. Door de wisseling van de seizoenen is er een belangrijk en wezenlijk verschil tussen het ontwerpen van buitenruimte en het ontwerpen van andere architectuurvormen. Dit fenomeen, dat de natuur ons schenkt, moeten we veel meer benutten en onder de aandacht brengen. Het zal bijdragen aan een sterkere bewustwording en een inten-

> 'Je hebt een soort mathematica in de natuur, formules, zoals de Gulden Snede, waarmee je een verhouding vastlegt en schoonheid creëert'
>
> *Janine ten Horn*

sere beleving van kleine en grote veranderingen in de natuur om ons heen. De seizoenswisselingen dragen bij aan de zintuiglijke waarneming van de tuin, die daarmee meer is dan alleen maar een visueel aantrekkelijke ruimte om in te wonen en leven.

Ervaring is proceskennis

Ervaring maakt dat we steeds beter omgaan met de in te richten buitenruimte, maar deze brengt ons als ontwerpers ook dichter bij elkaar. De dagelijkse praktijk leert dat we allemaal hetzelfde proces doorlopen vanaf het moment van het eerste contact tussen opdrachtgever en tuinontwerper. De momenten vanaf de inventarisatie en het schetsontwerp tot en met de uiteindelijke oplevering van de tuin vormen daarin een vast patroon, maar zijn qua inhoud steeds anders, gewoonweg omdat geen enkele situatie gelijk is aan een andere, omdat iedere opdrachtgever als tuinliefhebber en ge-

bruiker uniek is en zijn eigen voorstelling heeft van de manier waarop zijn tuin eruit moet komen te zien.

Ruimtelijk inzicht

Naarmate we verder komen in onze ontwikkeling, groeit ook het inzicht – rúímtelijk inzicht. Ik vond het heel prettig bij het ontstaan van dit boek om daar met gelijkgestemden over van gedachten te kunnen wisselen. Het onderstreept het proces waarin we zitten. Omdat we het te druk hebben, maken we weinig tijd vrij om elkaar vaker te zien en kennis uit te wisselen. Maar ik heb tijdens de verschillende gesprekken wel gemerkt dat daar zeker behoefte aan is, dus dat houdt een mooie belofte in.

Nu lijkt het wellicht alsof de ontwerpers in dit boek niet alleen hetzelfde gedachtegoed, maar ook dezelfde ontwerpstijl hanteren. Niets is echter minder waar. Er is een duidelijk onderscheid in de invalshoeken te ontdekken, een eigen benadering die zich bij iedere ontwerper uit in een herkenbare eigen stijl.

Het werk van Henk Weijers is daar een goed voorbeeld van. Henk heeft ons helaas, in de kracht van zijn leven, te vroeg verlaten, maar leeft voort in onze herinnering als een eigenzinnige, zelfbewuste vormgever. We noemden hem vaak 'Mister Watertuin'. Kenmerkend voor zijn stijl waren de grote volumes, robuuste beplantingen en veel water.

Ruimtelijk denken

Ontwerpen heeft voor een belangrijk deel ook te maken met 'het ruimtelijk denken' in deze elementen, in materialen, plantsferen en volumes. Met een goed ontwikkeld ruimtelijk inzicht is het dan ook mogelijk om oneindig te variëren met de in te richten buitenruimte en dat geldt voor zowel tuinen als parken en landschappen. De kunst van het ontwerpen bestaat uit het voelen van de kwaliteit van een bepaalde ruimte en het inzicht om die kwaliteit te benutten.

Het is een terugkerend creatief proces, een nimmer aflatende zoektocht naar het opzetten van goede verhoudingen binnen die ruimte, naar het inpassen van de gewenste functies en naar het vinden van de juiste relaties tussen huis en tuin. Maar alles is altijd gebaseerd op de menselijke schaal.

De natuur als basis

Dick Huigens, Piet Oudolf en Henk Gerritsen nemen grotendeels de natuur als basis en stellen de ontwikkeling van beplantingen centraal in het ontwerpproces. Dick heeft de filosofie dat je de ontwikkeling van de planten door het jaar heen moet kunnen volgen. Hij werkt daarom weinig met strakke hagen. Piet plaatst zijn sterke plantencomposities in een onverwacht kader, ook op een grootschaliger niveau. Henk Gerritsen gaat zelfs een stapje verder en laat het liefst het kader helemaal weg, of het moet binnen een spontane setting zijn die door de natuur zelf is bedacht.
Janine ten Horn en ikzelf werken meer vanuit een architectonische basis, waarin het lijnenspel met bijbehorende vlakverdeling eerder vastgelegd wordt dan de beplantingen, maar zonder die beplantingen ondergeschikt te laten zijn binnen het totale concept. We spelen het liefst in op elementen die er al zijn: een mooie, karakteristieke, beeldbepalende boom kan bijvoorbeeld veel inspiratie geven.
Daar waar het om echt stedelijke tuininrichting gaat, zijn Pieter Croes en Bart Haverkamp specialisten in het ontwerpen van groene oases op hoogte, namelijk daktuinen en -terrassen in het hart van een stedelijke omgeving.
De belangrijkste overeenkomst tussen deze ontwerpers is dat ze blijven experimenteren met de ruimte zonder de wensen van de opdrachtgever uit het oog te verliezen. De tuin wordt gemaakt voor de opdrachtgever. Hij geeft ons uiteindelijk de ruimte en biedt ons de mogelijkheid om iets te creëren waar hij met plezier in wil wonen en leven.

'Wanneer is het minimalistische bereikt?
Weinig kan nog te veel zijn'

Bart Hoes

Inspiratie

In Nederland en België zijn de meeste tuinruimtes beperkt, maar binnen die beperking willen we iets maken wat gevoelens oproept die mensen nog niet bij zichzelf hebben ontdekt, iets wat emoties losmaakt.

Dat betekent dat wij, tuinontwerpers, ervoor moeten zorgen dat er binnen die verhoudingsgewijs kleine ruimtes veel te ontdekken valt, dat er zich één of meer onverwachte belevingsvormen of belevingsmomenten voordoen. En daar is niet alleen inzicht voor nodig: ook inspiratie is onmisbaar. We hebben inspiratie nodig om tot de grote lijn te komen, tot die eerste potloodstrepen op papier waar we soms nachten van wakker liggen, maar die ook spontaan direct raak kunnen zijn. We zijn op zoek naar die grote lijn, en dan met name naar de juiste verhoudingen ervan. We wachten op dat ene moment waarop we de juiste ingeving krijgen. Hebben we die, dan is de belangrijkste basis gelegd voor een geslaagd ontwerp, namelijk de hoofdstructuur van de tuin, die door de seizoenen heen herkenbaar dient te zijn en het hele jaar door tot de verbeelding moet spreken.

Het Nederlandse landschap als inspiratiebron

In Nederland, België en enkele andere delen van West-Europa hebben we de kracht van het perspectief – een plat landschap biedt nu eenmaal het meeste perspectief. Ga maar eens naar Engeland, Zuid-Frankrijk of Noorwegen: daar leef je op of onder een berg en is de beleving heel anders. In ons landschap zien we bomen en boten aan de horizon in elkaar schuiven. Hierdoor vormt ons landschap een grote inspiratiebron. Het is net een soort toneel

dat steeds verandert, eigenlijk precies zoals de seizoenen. Het verdwijnen en tevoorschijn komen is voor ons iets vanzelfsprekends, en dat blijkt onbewust, maar ook bewust van duidelijke invloed op onze vormgeving te zijn.

Die weidsheid is een sterk punt, dat ons als bewoners van de Lage Landen tot een specifiek soort ontwerpers maakt, die het internationaal ook nog eens goed doen. Als inrichters van buitenruimte zijn we dan ook meer met ruimtes bezig dan met structuren en de ruimtelijke vormen die wij toepassen, zijn goed ontwikkeld. Dat gegeven weerspiegelt zich ook in de kleinschalige ontwerpen die wij maken.

Waar haal je het vandaan?

Inspiratiebronnen zijn natuurlijk eindeloos beschikbaar en door iedereen weer anders in te vullen. Geïnspireerd raken kan je op de meest gekke momenten overkomen. Het is zaak om die bewuste momentopname dan ergens op te slaan, zodat je deze later weer kunt gebruiken: een geur, een kleur, een combinatie van beide, een woord, een tekst, muziek... verzin het maar.

Ik haal mijn inspiratie vaak al uit de eerste kennismaking met de opdrachtgever. Wat dat betreft hoef ik het niet ver te zoeken. Veelal prikkelt onze omgeving onze verbeeldingskracht al voldoende.

Voorkeuren aanvoelen

Door goed naar mijn opdrachtgevers te luisteren word ik als vanzelf in de juiste richting geduwd. Ze kunnen soms heel duidelijk aangeven waar hun persoonlijke voorkeuren liggen en wat ze met en in de tuin willen terugzien. Ze vertellen welk thema of wat voor sfeer hen in het bijzonder aanspreekt. Zo kunnen termen als strak, modern en minimalistisch mij al een handvat geven om mee te werken. Maar daarmee is mijn inspiratie meestal nog niet geprikkeld. Die vind ik pas als het lukt om meer van de opdrachtgever te weten te komen, met name van hem als mens: welke gevoelens heeft hij, wat houdt hem bezig, welke emotie maakt een tuin bij hem los? Door te kijken, te observeren, mijn ogen goed de kost te geven, kan ik nog beter inschatten welke persoonlijke tuinstijl het best bij hem zal passen.

'Een' opdrachtgever bestaat vaak uit meerdere personen

De opdrachtgever is vaak een gezin: man, vrouw en vaak ook kinderen. Ze hebben allemaal hun individuele wensen en die kunnen wel eens met elkaar botsen. Nou ja, botsen… vaak is de in te vullen ruimte beperkt en moeten er keuzes worden gemaakt. Dan moet je nagaan welke elementen het best bij elkaar passen om tot een sterke compositie te komen. Ik ben dan ook regelmatig intermediair, met als doel de onderlinge gedachten en ideeën op elkaar af te stemmen. Het uiteindelijke resultaat moet dan een ontwerp zijn waarbij iedere gebruiker zich prettig voelt. Juist die gesprekken, waarin de emotie een beetje loskomt, prikkelen de geest en dan gebeurt het vaak dat de globale contouren van het nieuwe ontwerp zich al in mijn gedachten aan het vormen zijn.

Als tuineigenaren wat minder expliciet zijn in datgene wat ze voor ogen hebben voor de tuin of het zelfs helemaal nog niet weten en ze zich totaal verlaten op de specialist, de tuinarchitect, wil dat nog niet zeggen dat ik *carte blanche* heb en zelf maar iets voor hen ga invullen. Het is dan juist noodzakelijk om te achterhalen waar zij zelf door geïnspireerd raken. Daarbij helpt het om samen met hen door het huis te lopen, zodat een goede indruk ontstaat van hun woonstijl en interieurvoorkeuren van dat moment.

Voor veel ontwerpers biedt de woning, als gebouw op zich, als vast element met een duidelijke vorm, uitstraling en volume, doorgaans veel meer informa-

‘De bewoner die ook schrijver is, heeft de geveltekst zelf gemaakt. Het werkt inspirerend en spreekt tot de verbeelding’

Pieter Croes en Bart Haverkamp

tie dan bijvoorbeeld het interieur; bovendien heeft de woning op zich een veel nadrukkelijkere invloed op het ruimtelijke denkproces.
Het huis is daarmee vaak niet alleen een inspiratiebron, maar het biedt ook aanknopingspunten en geeft direct aanleiding om tot een bepaalde indeling van de tuin te komen.
Architectuur vormt mét de natuur een twee-eenheid. Het een kan niet zonder het ander. We moeten tenslotte ergens wonen en we willen zo graag de natuur om ons heen voelen.

Oude boom – nieuw leven

Als we het hebben over een nieuwbouwsituatie, dan zijn er over het algemeen weinig elementen voorhanden die direct tot de verbeelding spreken. Vaak betreft het een locatie waar weinig historie aan te ontdekken is. Twee niet onbelangrijke factoren kunnen daar wel eens positieve invloed op hebben, namelijk de architectuur van de woning zelf en de ligging van de kavel in zijn directe omgeving, mogelijk met zicht op een aantrekkelijk landschap.

Maar in een bestaande tuin, die om welke reden dan ook aan verandering toe is, kunnen historische bomen, heestergroepen, vasteplantencombinaties of andere elementen voorkomen die een uitgesproken hoge belevingswaarde hebben, maar die door de aanwezige indeling, door de letterlijk in tijd uitgegroeide situatie, niet tot hun recht komen. Vanwege hun hoogte en volume kunnen vooral bomen een ruimte maken of breken. Ze kunnen een cruciaal onderdeel zijn van de te ontwerpen tuin en zijn voor mij van onschatbare waarde. Ik neem ze altijd graag en met liefde op in het nieuwe plan. In feite krijgen ze dan een tweede leven. Hoewel ze doorgaans op hun oude plek blijven staan, simpelweg omdat verplanten een te groot risico betekent, brengen ze een heel ander effect teweeg, omdat er een andere

‘Ik moet altijd nadenken: bij wie doe ik wat’

Piet Oudolf

omgeving omheen komt te liggen. Als tuinarchitect ben ik altijd blij met een dergelijk karaktervol en natuurlijk element. Het roept emotie op en die emotie inspireert.

De zoektocht

De zoektocht naar nieuwe ideeën, naar steeds andere composities, duurt altijd maar voort. Dat betekent niet dat een tuinarchitect het wiel steeds opnieuw uit moet vinden. Als basis kan ik losse elementen en standaard materiaaltoepassingen steeds weer gebruiken. Waar het om draait is de filosofie achter de keuze van mijn compositie. Met het samenvoegen van de verschillende elementen wil ik zo veel mogelijk emoties losmaken, gevoelens die de opdrachtgever mogelijk nog niet bij zichzelf heeft ontdekt.

Schiermonnikoog: met weinig middelen een groots effect

Doe op reis indrukken op

Je hoeft echt niet ver weg te gaan om indrukken op te doen. Zo was ik recentelijk op Schiermonnikoog en daar heb ik genoten van het weidse uitzicht, maar ook van enkele intieme doorkijkjes in het lokale duinlandschap. Het zicht op de dijk, de grens tussen land en zeewater: even een snelle schets en je hebt een minimalistische lijn met een paar bomen. Daar kun je goed ervaren dat je met weinig middelen een groots effect kunt bereiken – en dat geldt ook voor een goed ontwerp. Met simpele lijnen sfeer en functie combineren: het is een kunst als je dat als ontwerper weet vast te leggen.

Tuin en Architectuur

In alles wat wij, als mens, ervaren, voelen, beleven en zien, worden we beïnvloed door de omgeving waarin dat plaatsvindt.

Wonen, werken, sporten, verplaatsen, op reis gaan… we hebben zon en daglicht nodig om energie op te doen, we vliegen door de lucht, we zwemmen in zee, we gebruiken grondstoffen om te kunnen bouwen en zonder water kunnen we niet leven. Je kunt het zo gek niet bedenken, maar elke activiteit heeft een relatie met de natuur.

‘De insteek bij dit door Piet Boon zelf ontworpen en bewoonde huis is puur vormentaal geweest (met weinig onderhoud en een maximaal effect)’

Piet Oudolf

Moeder Aarde

De aardbol is in feite een groot, variërend landschap waarin wij ons bevinden. Al sinds het ontstaan van de mens laten mensen sporen achter in dat landschap, en naarmate de technologie steeds verder ontwikkelt, ontstaat er steeds meer een soort haatliefdeverhouding met de natuur:

enerzijds kunnen we eindeloos lyrisch worden over haar ongekende schoonheid, maar anderzijds misbruiken we haar en vinden we het nodig om de natuur naar onze hand te zetten.

Een spoor in de tijd

Uiteindelijk zit het in ons om onszelf te willen manifesteren. Door kunstmatige ingrepen willen we steeds opnieuw het bewijs van ons bestaan vastleggen. Die expansiedrift is niet tegen te houden. Maar laten we er dan met elkaar wel voor zorgen dat we daarin niet te ver gaan en blijven zoeken naar een natuurlijk evenwicht. Een aspect dat hopelijk zal bijdragen aan een positieve uitslag van die balans is de verbondenheid die wij voelen met de natuur: we raken er steeds meer van doordrongen dat wij de natuur nodig hebben in plaats van de natuur ons.

‘Dit bijzondere huis is gebouwd door de architecten Rooijakkers en Tomesen’

Dick Huigens

'Als het even kan probeer ik het huis een voetstuk te geven, een podium waarmee gelaagdheid ontstaat en het huis als vanzelf op het natuurlijke deel van de tuin kijkt'

Dick Huigens

Architectuur

Om ons te beschermen tegen de natuurlijke elementen zijn we gaan bouwen en omdat we steeds iets anders willen, blijven we bouwen. Elke generatie heeft haar eigen individuele expressie en ontwikkelt nieuwe inzichten, mede verkregen door bestudering van oude erfenissen.

We hebben de ruimte nodig om dat te doen, letterlijk en figuurlijk. In deze context heb ik het vooral over de creatieve ruimte: we willen laten zien wat we kunnen, een stempel van onze tijd achterlaten en zo onderdeel worden van onze eigen geschiedenis. En is die ruimte er niet, dan maken we die. Wat we niet mooi vinden, breken we af en vullen we naar eigen inzicht weer in. Het is een dynamisch proces dat geïnspireerd wordt, maar ook inspiratie geeft, aan bedenkers en gebruikers.

Zo veel zinnen, zo veel smaken

Iets mooi of lelijk vinden kun je iemand niet opdringen. Gelukkig is ieder individu uniek, ieder mens gebruikt zijn eigen verbeeldingskracht, en of die nu groot of klein is, doet er even niet toe. Zonder die persoonlijke indrukken zou de wereld er volgens mij maar saai uitzien.

Verbanden met de omgeving

Architectuur kent veel verschijningsvormen en uit zich in diverse bouwstijlen. Maar in welke hoedanigheid ook, er is altijd sprake van contact met de omgeving, met het aangrenzende stedelijke of natuurlijke landschap.

Zoek de relatie/integratie

Op hoger niveau – en daar bedoel ik grotere bouwvolumes mee, zoals kantoren en bedrijfscomplexen – wil het lang niet altijd lukken om een goede ruimtelijke relatie aan te gaan met de omgeving waarin zo'n complex zich bevindt. De verwevenheid van de architectuur met het landschap is daar vaak moeizaam, terwijl het landschap zelf, dat natuurlijk al aanwezig is, voldoende handreikingen biedt om tot een betere integratie te kunnen komen.

In tegenstelling tot dat complexe probleem op macroniveau is op kleinere schaal veel meer te bereiken. De tuin leent zich, als een klein, kunstmatig landschap, veel beter als instrument om een verwevenheid met het huis gerealiseerd te krijgen. Deze beide elementen zijn makkelijker te vormen en aan te passen, waarmee eenheid in de architectuur van woning en buitenruimte eerder binnen handbereik ligt.

Van buiten naar binnen gekeerd

Lang geleden was een tuin vooral een omheining (van oorsprong betekent het Germaanse woord *tûn* letterlijk 'omheining') waarmee de natuur werd buitengesloten. Tegenwoordig omsluit de omheining de tuin, vormt ze de begrenzing waarbinnen we ons eigen gecultiveerde stukje natuur laten ontstaan: de tuin als kunstvorm die uiting geeft aan ieders individuele expressie.

'Op het dak wil je ook de seizoenen kunnen voelen en dus is de beplanting hierop afgesteld, van vroege bolgewassen tot late herfstkleuren en veel wintergroen'

Pieter Croes en Bart Haverkamp

‘Het mooie van tuinarchitectuur is dat een tuin een vierde dimensie heeft, de tijd. Een tuin moet groeien’

Janine ten Horn

'De wilgen in de achtertuin zijn een levende zonwering (en passen bij de rand aan het water)'

Dick Huigens

'Kenmerkend voor de ontwerpen van Henk Weijers zijn een eenvoudige, stoere beplanting en de toepassing van water'

Modeste Herwig

In de praktijk blijkt echter dat veel tuinbezitters zich geen raad weten met die invulling van de tuin. Ze hebben er wel fantasieën over, maar missen de verbeeldingskracht en het ruimtelijk inzicht om tot een goede inrichting te komen. Dat is niet zo verwonderlijk, omdat de menselijke geest gewend is aan begrenzingen. Denk maar aan een huis met muren en een dak erop: zo'n ruimte voelt prettig, maar de mens voelt zich algauw verloren in een grenzeloze ruimte, zoals de tuin dat in feite ook is. Je inleven in zo'n driedimensionale ruimte als de tuin is heel complex.

Invoelingsvermogen

Als tuinarchitect moet ik dan ook kunnen aanvoelen wat een opdrachtgever wezenlijk voor ogen heeft met de tuin. En nogmaals: het gaat vaak om meerdere personen. Waar liggen hun emoties en wat zijn hun verlangens? Het is mijn taak om hun fantasie te prikkelen en aan te moedigen, op zo'n manier dat ik aan de hand van de daaruit verkregen informatie een juiste vertaalslag weet te maken naar een nieuwe, te verwerkelijken situatie.

Maar meer nog dan dat ze hun eigen ideeën terugzien in het plan, wil ik aantonen dat er binnen de ruimte die er is,

met al zijn beperkingen, maar ook met al zijn uitdagingen, meer aan beleving uit te halen is dan ze zelf voor ogen hebben.

Het geheel is meer dan de som der delen

Het uiteindelijke plan moet een zekere vanzelfsprekendheid uitstralen en het gevoel oproepen: 'Ja, ik had het bijna zelf kunnen bedenken.' Het verschil zit hem in het woordje 'bijna': het toont aan dat er een goede wisselwerking is geweest tussen opdrachtgever en vormgever, dat er goed naar elkaar is geluisterd.

Maximale wisselwerking

Als deel van het ontwerpproces streef ik ernaar de wisselwerking tussen huis en tuin zo optimaal mogelijk te maken. De stijl van de woning, de kracht van de architectuur, de uitstraling en de vlakverdeling van de gevels: het zijn voor mij aspecten die van grote invloed zijn op de manier waarop de tuin daarop zal aansluiten. Ik ga er dan van uit dat de tuin niet alleen beleefbaar moet zijn vanuit het huis, van binnen naar buiten, maar net zo goed andersom. Biedt het huis te weinig aanknopingspunten om goed contact te krijgen met de buitenruimte, dan maak ik op tekening duidelijk hoe de interactie tussen huis en tuin door bepaalde ingrepen in de gevel kan worden geoptimaliseerd. Het is zeker de moeite waard dit bespreekbaar te maken.

Op dat punt kan er veel worden gewonnen als er sprake is van een nieuw

te ontwerpen woning of kantoorruimte. In dat vroege stadium kunnen de plannen voor het huis en de tuin beter op elkaar worden afgestemd en zijn teleurstellingen over mogelijke gemiste kansen sterk te reduceren.

Verwevenheid maken

Om tot een voelbare verwevenheid met de tuin te komen is een (bouwkundige) optie om elementen uit het huis door te zetten in de tuin. Je zou bijvoorbeeld muren naar buiten kunnen laten treden, zodat er contact ontstaat met de buitenruimte. De muur als verlengstuk van het huis trekt de tuin naar binnen en andersom wordt het huis aan de tuin gekoppeld. Maar het kan ook door het door laten lopen van horizontale vlakken, zoals vloeren en overkappingen, gemaakt van materialen van hetzelfde niveau en met dezelfde uitstraling als waarmee het huis is gebouwd. Mits er sprake is van goede onderlinge verhoudingen, ontstaat er op die manier een voelbaar spanningsveld tussen tuin en huis. Het huis heeft zo zijn eigen identiteit, maar voor de tuin is die identiteit in wezen nog sterker. De tuin toont namelijk meer individuele inbreng van de bewoners en is een vertaling van hun innerlijke gemoedstoestand, die net als de seizoenen steeds aan verandering onderhevig is. Dick Huigens noemt dit 'gebaren van hoffelijkheid'. Beide elementen, met elk zijn eigen identiteit, moeten niet alleen op zichzelf gewaardeerd kunnen worden, maar meer nog als geheel.

Strak huis, strakke vormgeving

De architectuur van de woning bepaalt in feite al in ruime mate welke stijl aan de basis zal liggen van het tuinontwerp. Verwacht daarom bij een strak vormgegeven huis geen tuin in cottagestijl. Moderne architectuur toont veelal gevels met een strak ritme van grote vlakken glas afgewisseld met gesloten geveldelen. Dit biedt een uitgelezen kans om datzelfde ritme – open en dicht – over te nemen in de tuin: openheid door middel van terrassen, gazons en watervlakken, geslotenheid door dichte beplantingen, hagen en boomgroepen.

Vooral de ruimtes direct rondom het huis zijn hiervoor geschikt, die vormen de eerste schil, die veelal sterk architectonisch mag worden ingericht. Verder de tuin in kan het idee worden losgelaten en zal er aansluiting worden gezocht met het omringende landschap – ervan uitgaand dat er van een dergelijke situatie sprake is. Ik noem dat ook wel 'geleend landschap'.
Geleend landschap betekent dat je op subtiele manier gebruikmaakt van de directe omgeving, mits die kwaliteit heeft, dusdanig dat het als belevingselement onderdeel gaat uitmaken van de tuin.

Het benutten en integreren van de omgeving in een tuin is natuurlijk niet voorbehouden aan één bepaalde stijlrichting. Integendeel, het staat los van welke tuinstijl ook, is overal denkbaar

en is een dankbaar gegeven om binnen een ontwerp rekening mee te houden.

Bij wat meer traditionele woningen, zoals villa's met rietgedekte kap, zal in eerste instantie eerder een landelijke tuinstijl voor de hand liggen met vlakverdelingen van hagen, gazons, kleurrijke borders en toepassing van klassieke materialen. Ik zeg 'in eerste instantie', want uiteindelijk hoeft de buitenruimte niet altijd op een voor de hand liggende manier te worden ingevuld. Juist voor ons als vormgevers zit de uitdaging in het zoeken naar nieuwe composities die een toegevoegde waarde hebben en het clichématige denken over de tuin en alles wat daarbij hoort kunnen doorbreken. We willen niet vasthouden aan thema's die steeds gekopieerd kunnen worden, maar er wel elementen uit filteren die symbolisch zijn voor een bepaald thema.

Ruimte maken

Helaas – ik zei het al eerder – zijn de meeste tuinruimtes in Nederland en België beperkt. Het is een uitdaging voor ons, als ontwerpers, om ervoor te zorgen dat er zo veel mogelijk in die begrensde ruimte te ontdekken valt. Dus is ons doel om ruimte te maken in een ruimte, om de illusie te wekken dat die ruimte groter is dan deze in werkelijkheid is.

Perspectief

Dat doe ik onder andere door het inbrengen van perspectief, bijvoorbeeld door een padenstelsel zo te leggen en hagen zo te plaatsen dat ik een situatie creëer die maakt dat je ergens omheen wordt geleid: een spel met breedte en diepte, hoogte en laagte, openheid en geslotenheid. Hierbij zoek je naar een zeker spanningsveld, naar een spanningsboog die voelbaar moet zijn. En dat heeft niet alleen te maken met bouwkunde, maar ook met de planten. Het hangt er maar van af hoe je een tuin beleeft en wilt beleven en hoe je ertegenaan kijkt, letterlijk én figuurlijk. Ben je veel binnen, dan wil je hem van binnenuit beleven. Woon je echter op een bovenverdieping, dan is er sprake van een andere belevingsvorm: dan moet je de tuin zo inrichten dat hij van daaruit klopt, dan moet de tuin als kijktuin een zodanige structuur hebben dat hij als een patroon kan worden beleefd.

Een daktuin vraagt een heel eigen, specifieke benadering, omdat het niveau in feite een extra dimensie toevoegt: het panorama met weidse blikken over stad en land, alsof je met de tuin in de wolken bent. Hierbij vormt de lucht enerzijds een onbegrensd landschap met weinig last van storende factoren, maar anderzijds heeft het ook zijn beperking: de hoogte beperkt namelijk je bewegingsvrijheid. Je kunt niet zomaar uit die ruimte naar een andere ruimte wandelen. Een tuin op hoogte heeft zijn eigen dynamiek en roept sensatiegevoelens op.

'Wij zijn meer met ruimtes bezig, anderen meer met structuur'

Piet Oudolf

Diversiteit

Een tuin heeft dus zijn eigen diversiteit aan verschijningsvormen en moet bovenal emoties en onverwachte gevoelens oproepen. Een tuin moet verrassen, beleefd en ervaren worden. Een tuin moet uitnodigen om erin te gaan zitten, wandelen en kijken. Een goed ontworpen tuin moet dat allemaal losmaken. En een tuin is geslaagd als deze je ook deelgenoot maakt van de seizoenen en je het hele jaar weet te boeien.

Verkenning en inventarisatie

Het hele proces begint in principe met een vrijblijvend gesprek met de toekomstige opdrachtgever. Die eerste kennismaking is voor beide partijen elke keer weer een spannend moment.

Er is van tevoren meestal weinig bekend over de mensen zelf en ik heb vaak eigenlijk niet meer informatie dan alleen de reden waarom ze mij inschakelen en het adres waar ik word verwacht. En dus weet je nooit wat je te wachten staat en is het altijd verrassend.

Zonder dat ik de plek heb bezocht, kan ik me nog geen goed beeld vormen van de situatie en dus begeef ik me allereerst naar de afgesproken locatie. Die plek kan overal in Nederland zijn, of soms zelfs over de grens. Dat betekent dat er onderweg tijd is om al een beetje te filosoferen over wat er mogelijk gaat komen.

Het hoofddoel van deze eerste kennismaking is allereerst om uit het directe contact tussen mij en de opdrachtgever het gevoel bevestigd te krijgen dat het klikt tussen ons. Is het proces namelijk eenmaal in werking gezet, dan volgen er nog veel contact- en overlegmomenten en dan is wederzijds vertrouwen nodig om tot een optimaal product te kunnen komen. Dus dit vertrouwen vormt een belangrijke basis voor een prettige samenwerking.

Erg belangrijk: eerste indrukken

Tijdens het contact ontstaan bij mij ook de eerste indrukken van het huis en de omgeving. Daarbij let ik niet alleen op kwalitatieve, maar ook op kwantitatieve elementen. Ik maak in feite een soort scan die de huidige staat van huis, tuin en omgeving vastlegt in mijn geheugen. In deze verkenningsfase maak ik nog geen direct onderscheid tussen de goede en slechte elementen van die drie onderdelen. Ik kijk naar bomen, struiken, muurtjes, waterpartijen, schuttingen en dergelijke, maar ik maak ook een beoordeling van de stijl, de gevelindeling, de kleur en de uitstraling van het huis. Pas aan de tekentafel kies ik welke van deze bestaande elementen in het nieuwe ontwerp mogelijk bruikbaar zijn en welke niet.

Onder 'kwantiteit' versta ik de omgeving en dan vooral de ruimtelijke beleving van die omgeving met bijbehorende maatvoeringen: hoe zijn de onderlinge verhoudingen tussen huis, tuin, straat en bredere omgeving? Die bredere omgeving kan bijvoorbeeld een Vinexwijk zijn, een oude dorpskern, een bosrijke omgeving, een stadscentrum of juist een open weidelandschap. Het zien van deze omgeving geeft meteen antwoord op de vraag op welk schaalniveau er gewerkt moet gaan worden. Deze informatie vormt de basis voor het uiteindelijke ontwerp en is mede nodig om te komen tot de juiste ruimtelijke verhoudingen binnen het tuinplan. Met deze benadering maakt het geen verschil of de betreffende tuin nu klein of groot is.

Hoe gaat het nu verder in zijn werk?

Een veel gestelde vraag is: 'Past wat wij graag willen met de tuin eigenlijk wel bij ons huis?' Dat is een terechte vraag, die niet altijd direct kan worden gehonoreerd met een ja of een nee. Als ontwerper zoek ik namelijk in de eerste plaats naar verwevenheid tussen huis en tuin, maar dat zou wel eens kunnen botsen met datgene wat een opdrachtgever in gedachten heeft. Ik heb meer gegevens nodig om met een passende oplossing te komen.

Een interieur spreekt boekdelen

Tijdens het bezoek kijk ik dan ook naar het interieur van de woning en hoe het huis is vormgegeven. Dat geeft enige – en soms voldoende – informatie over een manier van leven waar de opdrachtgever zich prettig bij voelt en over de stijl die aanspreekt. Dat kan dus variëren van klassiek en formeel tot modern en eigentijds – of combinaties daarvan. In het gesprek probeer ik door vragen te stellen er achter te komen waar bij de opdrachtgever de prioriteiten liggen.

Maar ik kijk niet alleen naar stijlkenmerken, ik wil ook achterhalen welke functies en elementen de opdrachtgever belangrijk vindt in de tuin, en verder noteer ik met nadruk datgene wat niét is gewenst: wel of geen speel-

"Het zicht wordt spannender als het 'gekanaliseerd' wordt, dan wanneer het uitzicht vanuit de hele tuin gelijk is. De bestaande border met het pad erlangs heb ik veranderd in een dubbele border met een pad ertussendoor. Zo wordt de ervaring in de tuin te lopen versterkt"

Janine ten Horn

ruimte voor kinderen, wel of geen gazon, water, bomen, niveauverschillen, kleur, onderhoud, huisdieren, verlichting, kunst... De antwoorden inventariseer ik, ook als de opdrachtgever ze nog niet weet. Ik destilleer er een wenslijst uit, vertaal die vervolgens naar mijzelf toe en ga daarmee aan de slag.

Geen idee

Over het algemeen bereiden opdrachtgevers zich goed voor op een intakegesprek, maar dat geldt voor mijzelf natuurlijk ook. De situatie waarin een tuineigenaar weinig of nog helemaal geen voorstelling heeft van wat hij met zijn tuin wil, is overigens niet vreemd. Ontwerptekeningen, beplantingsplannen en beeldmateriaal van gerealiseerde tuinen zijn dan nuttige zaken die verhelderend werken en die bedoeld zijn om de geest van de opdrachtgever te prikkelen. Zulk materiaal ondersteunt en verlevendigt tevens mijn uitleg over de werkzaamheden die aan bod komen. Een niet geheel onbelangrijke factor binnen dat verhaal is het kostenaspect.

Kosten

Wat is de opdrachtgever kwijt aan mijn honorarium? Welke producten krijgt hij daarvoor? Is er al over budgetten nagedacht die voor het hele project mogen of kunnen worden uitgegeven?
Er dient van tevoren een realistisch financieel plaatje op tafel te liggen, maar dat zal wel globaal zijn, aangezien het ontwerp natuurlijk nog moet worden gemaakt. Een manier om tot een grove, maar wel redelijke en verdedigbare prijsindicatie te komen is het aantal vierkante meters tuin te koppelen aan een gemiddelde eenheidsprijs per vierkante meter. Uitgaande van ervaringscijfers kan zo een reële prijs worden

berekend voor de aanleg van in elk geval de standaardonderdelen van de tuin. Ik kan wel iets gaan schetsen, maar als achteraf blijkt dat het te kostbaar gaat worden, is het natuurlijk zonde van de creatieve inspanning, zonde van de tijd en komt het niet ten goede aan het eindresultaat. Het is dus beter om teleurstellingen achteraf te voorkomen, hoewel dat niet altijd te garanderen valt.

Een stapje terug werkt averechts

Ik ga namelijk altijd uit van een optimale opzet voor de tuin, ik probeer er het beste uit te halen, toegesneden op de wensen van de opdrachtgever. Als beide partijen vanwege het kostenaspect een stapje terug moeten doen, gaat dat nagenoeg altijd ten koste van de kwaliteit van het plan. Het ontwerp zal een aanpassing nodig hebben die wellicht gebaseerd is op het eerste idee, maar dan met de grote kans dat het minder aansprekend overkomt. En dan zul je altijd met een scheef oog naar het ultieme ontwerp blijven gluren.

Meten en zweten

Nadat de opdracht is verstrekt, is de eerstvolgende stap het in kaart brengen van de tuin en het vastleggen van de bestaande situatie – meten en zweten dus. Een bouwtekening van het huis met gevelindeling en mogelijk een locatie- en situatietekening van het kadaster zijn handig om erbij te hebben en ik vraag dan ook altijd aan de opdrachtgever of deze mij daar een kopie

van kan geven. Deze informatie vormt een mooi referentiepunt bij het meten van de tuin en dat scheelt weer een hoop extra werk. Dat meten moet uiteraard wel extra uitgebreid gebeuren als blijkt dat er geen gegevens beschikbaar zijn over de maatvoering van de woning en het perceel. Mocht het terrein bovendien sterk geaccidenteerd blijken, met lastige niveauverschillen en scheve erfgrenzen, dan doe ik een beroep op een hovenier die het terrein met laserapparatuur in kaart brengt.

Tegenwoordig kan zelfs direct een digitaal bestand van de metingen worden gemaakt, zodat bewerking met een geautomatiseerd tekensysteem mogelijk is. Breedte en diepte van de tuin, hoogteverschillen, erfgrenzen, bouwsels, situering van beeldbepalende bomen, hagen en andere beplantingen (al dan niet bruikbaar), waterputten enzovoort worden zo goed mogelijk vastgelegd en verzameld op de inventarisatietekening. Ook hoogte, volume en kwaliteit van materialen en beplantingen krijgen aandacht. De gemeten gegevens worden vervolgens op schaal uitgewerkt tot een basistekening die als onderlegger gaat fungeren voor de eerste schetsen.

Ondergrondse obstakels

Wat wel eens vergeten wordt, is het onderzoek naar de aanwezigheid van ondergrondse obstakels, zoals oude funderingen en olievaten of septic tanks. Ze zijn soms moeilijk traceerbaar en de kans is groot dat er niets bekend is over hun aanwezigheid.
Hetzelfde geldt voor kabels en leidingen zoals die van gas, water, elektra en riolering. Ik maak daarover aparte afspraken met de opdrachtgever, zodat duidelijk is wie de verantwoordelijkheid draagt voor het opvragen van locatiegegevens bij de bevoegde instanties, veelal de plaatselijke gemeente.

Tijdens de uitvoering kunnen zich dus gemakkelijk onvoorziene situaties voordoen. Die kun je natuurlijk beter voorkomen dan genezen, want dan voorkom je ook dat het zo zorgvuldig opgezette tuinontwerp uit balans raakt en dat je scheve gezichten krijgt tussen opdrachtgever, ontwerper en hovenier.

Wat is goed en wat is slecht?

De tweede inventarisatieronde

Tijdens de tweede inventarisatieronde richt ik mij meer op een visuele beoordeling en laat ik elementen die in het bijzonder extra aandacht behoeven opnieuw op me inwerken. Ik hang daar in gedachten een label aan met goed of slecht, met mooi of lelijk, met bruikbaar of weg ermee. Ik vraag me dus ook af wat behouden mag blijven en wat er moet worden verdoezeld.

Hetzelfde geldt voor de ruimtelijke beleving van de tuin zelf: welke emotie roept deze bij mij op en hoe verhoudt de tuin zich in mijn ogen ten opzichte van het huis? Voor mij zijn dat meetbare waarden die een bijdrage leveren aan het ontstaan van een nieuw plan voor de tuin.

Datzelfde principe laat ik ook los op de aangrenzende en omliggende ruimtes: storende elementen die de ruimte negatief beïnvloeden versus mooie en inspirerende beelden, lelijke fabriekshallen versus uitzicht op plassen en weilanden. In de schetsfase wordt daarop geanticipeerd en die waarnemingen zullen daarmee het ontwerp in een bepaalde richting sturen.

Routing huis en tuin

Inventarisatie afsluiten

Met de bestudering van de woning sluit ik in feite de inventarisatie af. Vragen die ik mezelf stel, wil ik zo veel mogelijk beantwoord zien, zodat ik een beter inzicht krijg in de aard en bouwstijl van de woning. Wat ik wil weten is hoe het huis in elkaar zit, wat de woonfuncties zijn en hoe die gesitueerd zijn ten opzichte van de tuin. Zijn er bijzondere accenten in de gevel die waardevol zijn en benut kunnen worden? Wat zijn de hoofdroutes van en naar het huis? Waar heb je van binnenuit contact met buiten en waar niet? Waar en hoe zijn ramen en deuren geplaatst? Zijn de gevels uitgesproken in materiaal en kleur of zijn ze saai en smakeloos van uitstraling?

Maakt het huis verbinding met de tuin en zo ja, in welke hoedanigheid? De antwoorden op deze vragen verschaffen niet alleen inzicht, maar ik haal er ook inspiratie uit.
De uitkomsten helpen mij bij de onderbouwing waarom ik tot een bepaalde inrichting van de tuin ben gekomen. Ik ontdek aanknopingspunten die kunnen leiden tot een voelbare verwevenheid van het huis met de tuin.

Hoe was het ook alweer?

Ik kan het allemaal nog zo goed in me opnemen, als ik weer achter de tekentafel zit, wil een indruk wel eens vervagen of kan informatie soms zoekraken. Daarom maak ik altijd foto's van de beginsituatie van de tuin met de woning. Uit ervaring weet ik dat mensen vaak snel vergeten hoe de oude situatie was. Daarom geef ik die foto's later

ook aan de opdrachtgever: foto's van voor en na de metamorfose, leuk voor in het plakboek!

Alles is belangrijk

Alles gaat een rol spelen in de uiteindelijke beleving en totale sfeer die ik neer wil zetten. De inventarisatie is een belangrijke stap in dat proces en helpt bij het maken van de juiste keuzes uit oude, bestaande elementen die gekoppeld gaan worden aan nieuwe. Van die combinatie maak ik een totale compositie waarbij ik probeer zo veel mogelijk emoties los te maken. En dat doe ik niet alleen voor de opdrachtgever, maar indirect ook voor anderen en mijzelf.

Schetsontwerp

Na bestudering van de inventarisatiegegevens kan het echte creatieve proces beginnen. De eerste stap daarin is het ontwikkelen van een zogenoemd vlekkenplan.

Een vlekkenplan is een ruwe schets waarin ik grofweg de eerste lijnen opzet en de gewenste functies van de tuin een plaats geef. Vergelijk het maar met het bekende fenomeen van een idee dat op de achterkant van een bierviltje is ontstaan. Als ik op het juiste moment inspiratie heb, kunnen een paar pennenstreken contouren vormen die uiteindelijk de hoofdstructuur van de tuin gaan bepalen.

Vlekkenplan op schaal

Ik maak dat schema voor particuliere tuinen op een vrij grote schaal, bijvoorbeeld schaal 1:200, 1:500 of zelfs 1:1000 (om even het geheugen op te frissen: schaal 1:100 betekent dat 1 centimeter op de tekening in werkelijkheid 100 centimeter is). Afhankelijk van de oppervlakte van de te ontwerpen tuin kies ik daar dus een prettige maatvoering bij, die overzichtelijk en mak-

kelijk hanteerbaar is op de tekentafel. Pas in een later stadium zal ik een kleinere schaal gebruiken, bijvoorbeeld schaal 1:50 of 1:100, waarmee het ontwerp gedetailleerder is uit te werken en later gebruikt kan worden voor de uitvoering.

De computer

Anders is het als er gebruikgemaakt wordt van de computer. Geautomatiseerd tekenen betekent in principe: werken op een schaalloos niveau. Het heeft veel voordelen ten opzichte van het handmatig schetsen, maar persoonlijk vind ik dat er gevoelsmatig minder contact is met het product dat ik maak.

Schetsontwerp

Het vlekkenplan helpt me verder op weg en zorgt ervoor dat ik meer inhoud kan geven aan het schetsontwerp. En met het schetsen komt ook de inspiratie, zij het de ene keer makkelijker dan de andere keer. Het is een boeiend proces van proberen en weer weglaten, een zoektocht naar juiste verhoudingen, balans en voelbare spanning, van structuren en elementen samenvoegen, net zolang tot een tot de verbeelding sprekende compositie is ontstaan.
Al schetsend moet ik natuurlijk ook met de meer functionele aspecten rekening houden die uit de inventarisatieronde zijn gekomen, bijvoorbeeld met de ligging van de tuin ten opzichte van de zon: waar komt de zon op, waar bevinden zich de schaduwrijke plekken, wat zijn de luchtige open plekken, waar vind

ik luwte en windbeschutting? De functies die in de tuin gewenst zijn, kan ik daaraan relateren.
Op een open, zonnige, gunstig gelegen plek zou ik dan open ruimtes kunnen maken waar verblijf mogelijk is, bijvoorbeeld terrassen en wellicht een zwembad. Een en ander is natuurlijk ook afhankelijk van de routes in en om het huis. Mensen zijn gewend aan directe looplijnen, maar in een tuin moet je niet direct van A naar B willen gaan. Ik zorg in elk geval dat er een keuzemogelijkheid aanwezig is, als de ruimte in de tuin dat tenminste toelaat.

Niet altijd logisch

Soms loopt er een as om de hoek van het huis. Op die manier dwing je mensen een andere kant op te gaan. Stel dat je van de keukendeur naar een schuur achter in de tuin loopt, dan is het aantrekkelijk om die route zo te maken dat je een soort spanningsveld gaat voelen. Je maakt in feite een omtrekkende beweging door de tuin. Ik creëer daarmee de mogelijkheid om de sfeer van de verschillende onderdelen in de tuin beter te ervaren. Ik benut zo de ruimte en voer het spanningsveld daarin op. Ik wil dat als mensen een bepaalde richting op lopen, zich niet alleen eenzijdig een onverwacht beeld aandient, maar dat ze dat ook ervaren als ze zich omdraaien en dan terugkijken.

Ruimte en volume

Al schetsend creëer ik dus ideeën voor mezelf. Ik maak lijnen, organisch en

'Sowieso inspireert reizen ons enorm en geeft het lucht aan onze geest (en ons lichaam)'

Pieter Croes en Bart Haverkamp

gebogen of recht. In eerste instantie is dat afhankelijk van de stijlvoorkeur van de opdrachtgever, maar het wordt ook beïnvloed door de lijnen van het huis. Op deze manier ontstaan er eigenlijk vanzelf vlakverdelingen die ik driedimensionaal moet benaderen: hoogte en laagte, breedte en diepte, openheid en geslotenheid, volumes en verhoudingen. Daarmee definieer ik niet alleen de ruimte, ik maak er ook ruimte mee.

Ruimte beleven

Opdrachtgevers hebben vaak geen idee wat ze met hun kale, open ruimte moeten waar het label 'tuin' aan hangt. Het toont klein, armoedig en is emotieloos. Ze denken dan: 'Moet dit nu mijn Hof van Eden worden? Mijn eigen paradijs met alles wat daar als tuinliefhebber bij hoort?' Met enige verbeeldingskracht en overtuiging leg ik dan uit dat er veel mogelijk is, onder andere door het te vergelijken met een huis dat gebouwd wordt. De fundering van het huis is ook een plat vlak zolang er nog geen muren op staan. Het is dan moeilijk om je voor te stellen dat er

straks een garage, woonkamer en keuken op die, gevoelsmatig, paar vierkante meters moeten komen. Maar dat wordt anders als de muren worden opgetrokken. Dan zie je opeens de maatvoeringen en functies die je erin kwijt kunt. Zo is het ook met een tuin, alleen heb je dan geen dak boven je hoofd en is de ruimte naar boven onbegrensd.

Bomen als dak

In de tuin vervang ik dat dak door bomen, letterlijk een bladerdak. De stam zorgt voor diepte in de tuin, en de kroon voor hoogte en voor een driedimensionale ervaring van de ruimte. De verticale wanden kunnen hagen, bosschages of tuinmuren zijn. Paden, terrassen, water, gazon en lage beplantingen zorgen daarentegen voor openheid en voor verbindende vlakwerkingen en doorzichten door de tuin heen. Op die manier zet ik met groene 'bouwstenen' de ruimte op. Dit proces gaat soms geleidelijk, soms snel. Enkele lijnen kunnen al voldoende zijn om tot een spannend concept te komen.

Ruimte, groenstructuren, materialen en kleur

Tijdens het ontwerpproces denk ik in ruimte, groenstructuren, materialen en kleur. De keuze van materialen en het combineren ervan wordt enerzijds ingegeven door de voorkeur van de opdrachtgever, anderzijds is het afhankelijk van de sfeer en de stijl van de tuin die nagestreefd worden. Het ligt er maar net aan hoe hard of zacht ik iets tot uitdrukking wil laten komen, of ik meer of minder contrast wil inbrengen.
Dick Huigens heeft het in dit geval over 'wederkerige tegenstelling'. Contrast versterkt de aanwezigheid van twee losse elementen: beweging versus statisch, zoals wuivende grassen voor een strakke tuinmuur, of het spel van zonlicht en schaduw door een bladerdek op het terras.

Bestrating

Massief of luchtig, grote plavuizen of juist de open structuur van halfverharding: ook in de keuze van het type bestrating voor paden en terrassen zoeken we naar evenwicht in beleving, naar smaakvolle combinaties die functioneel en esthetisch zijn, en die ook nog eens qua kleur aansluiting moeten vinden bij die van de gevelsteen van de woning.

Structuren en blad- en kleurcomposities

Ik denk ook in structuren van plantengroepen en blad -en kleurcomposities en ik pas ze toe ingegeven door wat

‘Water doet iets met mensen. Volgens mij omdat wij grotendeels zelf uit water bestaan’

Bart Hoes

ze in de loop van de seizoenen voor de tuin betekenen. Voor de tuineigenaren staat bijvoorbeeld de winterperiode voor kaal en troosteloos. En dat zie ik inderdaad gebeuren bij tuinen die na de zomer inzakken en weinig meer aan structuur laten zien, bij tuinen die dus maar voor een kort belevingsmoment zijn ingericht. Maar een tuin kan zonder moeite ook 's winters nog heel aantrekkelijk zijn. Door al dan niet wintergroene hagen en bladhoudende planten en struikgewassen te gebruiken voorkom je dat probleem. Maar ook een boom die zijn blad verliest, kan in kale toestand altijd nog een karaktervol element zijn. Grassen die verkleuren en geel worden, of stevige vaste planten die uitgebloeid zijn, behouden hun volume en zorgen voor mooie effecten met hun wintersilhouet. Door een juiste toepassing en afweging van hoeveelheden (massa) zorgen ze ervoor dat de tuin structuur houdt.

Lijnen en vlakken

Denken in ruimte betekent ook denken in lijnen en vlakken. Een lijnenspel wordt vaak geassocieerd met recht, vierkant en haaks, maar zo hoeft het helemaal niet te zijn. Gebogen, natuurlijke en organische lijnen kunnen een tuin veel zeggingskracht geven. Een spanningsveld van goed gebogen lijnen spreekt meer tot mijn verbeelding dan een slechte verhouding van rechte lijnen en vierkanten.

Maar ook het combineren van recht en krom kan tot verrassende effecten leiden. In combinatie met lichte niveau-

‘Ik heb getracht het huis een voet te geven van materiaal (hout) dat aansluit bij de architectuur van het huis’

Dick Huigens

verschillen in de tuin kan ik er oneindig mee toveren. Ze benadrukken de vlakwerking in de tuin en zorgen bovendien voor meer breedte- en dieptespanning.

Ook het opzetten van een diagonaal zicht kan de tuin groter doen lijken. Niet zozeer door letterlijk een schuine lijn te tekenen, hoewel dat wel eens uitkomst kan bieden, maar meer door de juiste plaatsing van hoge en lage elementen kan een denkbeeldige zichtlijn worden verkregen.

Eenheid

Tijdens het ontwerpen moet ik vasthouden aan het concept dat voor een opdrachtgever is bedacht en ik moet mezelf blijven afvragen of ik op de goede weg ben met de uitwerking van het idee. Daarom stel ik mezelf vragen als: ‘Hoe behoud ik de eenheid binnen het plan?’ ‘Wil ik nu niet te veel?’ ‘Kan het eenvoudiger?’ ‘Heb ik de goede balans gevonden?’

Gelukkig is papier geduldig en het kan

wonderen verrichten om het ontwerp enige tijd terzijde te leggen en het op een gegeven moment met een frisse blik weer op je in te laten werken (hoewel de befaamde nachtelijke brainwave ook wel eens uitkomst wil bieden).

Eenheid in herhalen

Ik vind eenheid in het herhalen van materiaaltoepassingen. Zo pas ik bijvoorbeeld niet te veel steensoorten en bestratingspatronen toe, want dat maakt onrustig. Eenvoud is hier het credo en daarmee voorkom je dat de aandacht voor de totale compositie verstoord wordt. Maar ook herhaling van planten en plantcombinaties, gekoppeld aan beperkte kleuraccenten, geeft binding binnen de ruimte. Zeker

in kleinere tuinen wordt de ruimtelijke beleving er sterker door.

Kleur

Kleur is sowieso een factor die bindend kan zijn in de relatie tussen huis en tuin. Muren, schuttingen, het tuinhuis: hun kleur maakt deel uit van het geheel. Bovendien roepen sprekende kleuren sneller emotie op. Ze kunnen je in een bepaalde gemoedstoestand brengen, die wellicht aansluiting vindt bij momenten waarop er verandering in de seizoenen wordt ervaren.

Met kleuren die de tijd van het jaar aangeven, komen we onherroepelijk uit bij de grote rol die beplanting hierin heeft. In het hoofdstuk 'Beplantingsplan' krijgen de planten de aandacht die ze verdienen en ga ik verder in op mogelijkheden en toepassingen.

Verhoudingen

'Vormgeving is emotie, een uiting van kunst en biedt eindeloos veel mogelijkheden voor de ontwerper die met open geest en creatieve inbreng, door het combineren van oude en nieuwe stijlelementen, nieuwe persoonlijke concepten en composities weet te bedenken. Hoewel de stappen in het ontwerpproces en de basisprincipes die gelden voor het maken van een tuinontwerp voor iedere ontwerper redelijk gelijkwaardig zijn te noemen, put iedere ontwerper afzonderlijk uit de eigen bron van inspiratie, met zijn eigen invalshoeken, denkwijzen en referentiepunten.

Het is een fascinerend proces waar ook de opdrachtgever als belangrijke schakel bij betrokken is. Het draait dus in alles eigenlijk alleen maar om verhoudingen: ruimtelijke verhoudingen, de menselijke schaalverhoudingen, verhoudingen tussen opdrachtgever en tuinarchitect…
Als al die verhoudingen kloppen en dat na realisatie van het tuinproject nog steeds doen, dan is er sprake van een geslaagde opzet.
Of om het iets minder gechargeerd aan te geven: een goed ontworpen tuin kenmerkt zich door intimiteit en geborgenheid. Het moet zo zijn dat wanneer je in je eentje door de tuin wandelt, of erin zit of ligt, je jezelf daarin prettig en ontspannen voelt.

‘Over de vormgeving van de tuin kreeg ik in de loop der jaren meer vastomlijnde ideeën. Want dat mijn tuin die vormgeving nodig had, werd al snel duidelijk. Hoe wilder de beplanting, des te groter werd de behoefte aan een strakke vormgeving’

Henk Gerritsen

'Aan de beplanting moet een duidelijk idee ten grondslag liggen, dat in één oogopslag wordt begrepen'

Henk Gerritsen

Beplantingsplan

Voordat aan het beplantingsplan wordt begonnen, moet – na presentatie en overleg en eventueel na het realiseren van de nodige aanpassingen – eerst het schetsontwerp worden omgezet naar het definitieve ontwerp.

De exacte indeling van de tuin is daarmee vastgelegd en bekend. Naast de plaatsing van bomen en hagen weten we nu ook hoe groot de borders en andere plantvakken zijn. Het definitieve ontwerp voor de tuin gebruik ik letterlijk als onderlegger. Ik teken opnieuw de contouren van het plan. Vervolgens schets ik daarop schema's van plantencombinaties. Deze fase is vergelijkbaar met die van het vlekkenplan, omdat ik nog niet precies weet hoe en met welke planten de borders zullen worden opgebouwd. Tijdens het proces van de planvorming is daarvan natuurlijk wel al een beeld ontstaan, maar dat is nog vrij grof.

Beplanting in de hoofdrol

Nu is het moment daar om de juiste keuzes te maken: kiezen met welke plantensoorten en met welke kleurencombinaties ik het best denk aan te sluiten bij de stijl van de tuin.
Het uiteindelijke resultaat op tekening oogt als een vrij technisch en saai product, met plantschema's, aantallen, maatvoering en namenlijsten. Maar schijn bedriegt, want zelfs een beginnend tuinier weet dat beplantingen aan de basis staan van wat de ziel van de tuin moet gaan worden. Zoals Piet Oudolf het schetst: 'Beplanting is de kern van het tuinieren.'

Een bewuste keuze

Beplantingen in een nieuw aangelegde situatie hebben redelijk wat tijd nodig, minstens een paar jaar, om tot volle

wasdom te komen. Ten opzichte van heesters, klimplanten, hagen en bomen ontwikkelen vaste planten zich sneller en bereiken ze eerder het gewenste effect, namelijk dat van een volgroeide tuin. Dat is ook een van de oorzaken dat de belangstelling voor deze groep planten – net als die voor bollen, knolgewassen en eenjarigen – enorm is toegenomen. En terecht, want je kunt er in kortere tijd zo veel meer mee bereiken dan met de trager groeiende houtige gewassen. Veel tuineigenaren zijn ongeduldig en willen liefst direct een tuin waarin een sfeer heerst van volwassenheid. Door de juiste dosering en afweging per plantensoort te maken, kan een eerst

nietszeggende ruimte al vrij snel in een interessante tuin veranderen.

Goed plantmateriaal

Door de wereldwijd groeiende interesse in tuinen groeit ook het aanbod in materialen en specifiek in beplantingsmaterialen. Allerlei manieren van transport maken het mogelijk om voor ons onbekende plantensoorten hierheen te halen, als tenminste verwacht wordt dat ze ook goed zullen gedijen in ons klimaat. Kwekers laten bepaalde soorten bomen, hagen en heesters groeien op land in warmere streken waar ze, onder invloed van het daar heersende klimaat, sneller groeien. Ze worden dan na enige tijd weer teruggehaald naar de eigen kwekerijen in Noord-Europa om te acclimatiseren en vervolgens een plekje te vinden in tuin, laan of park.

Ook in ons land wordt vanouds op honderden hectaren grond plantmateriaal gekweekt dat gretig aftrek vindt bij het tuinminnende publiek. Met dat grote aanbod aan plantmateriaal is het dus mogelijk een tuin zo in te richten en van beplanting te voorzien dat de tuin na afronding een volwassen karakter toont waardoor lijkt alsof hij er al jaren ligt.

Het kost misschien wat, maar dan heb je ook wat

De keuze om daar gebruik van te maken is natuurlijk afhankelijk van het budget van een opdrachtgever. Maar ik zorg er wel voor dat hij op de hoogte is van wat er op de markt te koop is. Ik bezoek kwekerijen en tuincentra met de opdrachtgever en laat hem zien en voelen wat ik precies bedoel met een karakteristieke boom of een volgroeide haag. Het zijn, ook voor mijzelf, leerzame en leuke uitstapjes, die vaak overtuigend werken om de opdrachtgever te laten investeren in volwassen groen. Het zijn juist die grote groenelementen die direct resultaat geven, die een tuin meteen diepte en volume geven en ruimte voelbaar maken. En zoals we nu weten volgen de vaste planten snel genoeg. Beide zijn onmisbaar en als elementen complementair.

Snel resultaat

De tijd is voorbij dat mensen zich nog kunnen vinden in het fenomeen 'plantertje dood, boompje groot'. Hoewel we bij het in stand houden van de 'natuur' vooral moeten denken aan ons nageslacht, zoals veel natuur- en tuinminnende generaties met vooruitziende blik dat voor ons hebben gedaan, denkt de huidige generatie tuinliefhebbers ook aan zichzelf en is gericht op snel resultaat. We (ja, ik ook) willen nú genieten en daar is niets mis mee. We doen onze kinderen en kleinkinderen daarmee echt niet tekort. Maar vergeet niet dat de natuur zich uiteindelijk niet laat dwingen. Ofwel: succes is nooit altijd en helemaal verzekerd.

Selectie

De opzet en de uitwerking van een beplantingsplan vereisen een grondige kennis van planten. En dat is nog zacht uitgedrukt. Het vergt flinke studies om uit te vinden wat planten doen in verschillende omstandigheden en in relatie tot elkaar – dat blijkt wel uit de vele boeken die er over beplantingen, hun gedragingen, structuren, bloeiwijzen en bloeitijden op de markt te vinden zijn. Maar dan nog weten veel tuineigenaren zich daar geen raad mee en zien ze door de bomen het bos niet meer. En ik geef ze geen ongelijk.

De juiste groeiomstandigheden

Er zijn veel factoren waar je bij je keuze rekening mee moet houden, bijvoorbeeld met de ligging: planten die goed in de zon gedijen, moeten daar ook geplaatst worden. Hetzelfde geldt voor schaduwminnende planten. Aan de kust of meer landinwaarts heeft het lokale klimaat weer invloed op de groeiomstandigheden. Ook van belang is met welke grondsoort je te maken hebt: kleigrond of zanderig, droog of nat, zure, veenachtige of kalkrijke bodem. Dit zijn aspecten die ik van tevoren wil en moet weten, even los van de persoonlijke voorkeuren van de opdrachtgever.

Altijd wel iets moois

Heb ik vervolgens een en ander duidelijk in beeld, dan wordt het tijd om de juiste planten te gaan selecteren. Ik maak een lijst van planten die qua structuur, textuur, kleur en bloeitijd mogelijk met elkaar zijn te combineren, maar ook nog eens op verschillende tijden in het jaar tot bloei komen, waar-

'Ik laat alle planten in mijn tuin hun volledige cyclus afmaken. Pas in het vroege voorjaar ruim ik op wat er nog overeind staat van het vorige seizoen'

Henk Gerritsen

mee beoogd wordt dat een plantencompositie elk seizoen van het jaar iets te bieden heeft.

Natuurlijk

'Rijke borders' is synoniem voor heel veel soorten en kleuren door elkaar – een heel bonte verzameling planten dus. In bepaalde tuinsettings kan een heftige reactie verlangd worden en dan is een dergelijke samenstelling van veel contrastrijke planten een uitkomst, maar de tendens van tegenwoordig laat zien dat er meer gezocht wordt naar eenvoud en eenheid in plantencombinaties. We zoeken aansluiting bij de wijze waarop de natuur zelf laat zien hoe wilde planten zich manifesteren in het niet door mensenhanden aangetaste landschap.
Meerdere groepen beplantingen, per groep van één soort en/of kleur (herhaling), met af en toe een ander plantaccent ertussen gestrooid, zorgen in de tuin dus niet alleen voor een sterk

architectonisch effect en cohesie in de ruimte, maar maken de tuin in de beleving bovendien losser en natuurlijker.

Priona Tuinen

Henk Gerritsen is jaren geleden begonnen om hiermee te experimenteren in zijn Priona Tuinen, op een moment dat ik zelf net was gestart met mijn opleiding tuin- en landschapsarchitectuur in Boskoop (en later in Vilvoorde, België). Hij is door schade en schande wijs geworden en kwam met vallen en opstaan achter de waarheid van een uitspraak van Mien Ruys: 'Je kunt in een tuin de natuur niet imiteren.' Dat is een waar woord, maar ik voeg daar wel aan toe dat in een tuin wel de symboliek van de natuur kan worden verbeeld.
Ondorzook naar wilde plantengemeenschappen in de natuur leert dat ze niet ordeloos door elkaar groeien, maar zich als groepen herkenbaar maken in het landschap. Geen inmenging door de mens, maar wel een inspiratiebron voor ontwerpers die op een natuurlijke wijze vorm aan de tuin willen geven.

Piet Oudolf

Piet Oudolf is binnen deze groep vormgevers, maar ook daarbuiten, in mijn optiek op dit moment wel de meest invloedrijke persoon in Nederland die vooroploopt in dat onderzoeksproces. Jarenlange studies naar de ontwikkeling van beplantingen die Piet, samen met zijn even geestdriftige vrouw Anja, onder meer op zijn kwekerij heeft gedaan en nog steeds doet, laat ons inzien dat we planten heel anders moeten benaderen dan ze alleen maar te beoordelen tijdens de periode dat ze in bloei staan. Door te bestuderen, te experimenteren, te selecteren en te filosoferen, door durf en geduld te combineren met zijn artistieke vermogen, is Piet Oudolf mede verantwoordelijk voor het ontstaan van een nieuwe stroming inzake het toepassen van sterke vaste planten in tuinen en landschappen.

Piet Oudolf zomaar even over zichzelf en zijn werk: 'Ik ben geen echte tuinier, wel een genieter. Ik ga uit van een plantenbasis. Mijn werk is een soort gebeeldhouwd groen. Ik werk op een eenvoudige, begrijpbare manier met planten. Denk aan grote vlakken met een of twee soorten. Combineer plantstructuren en sculpturen.
Door het seizoen heen brengt dat een bepaalde beweging en emotie in de tuin. Kies je voor één of twee soorten, dan weet je dat het een bepaalde dynamiek teweegbrengt. Het heeft verschillende verschijningsvormen én karakter.
Grassen zijn daar uitermate geschikt voor, want die zijn meteen al iets als ze opkomen. Het hoogtepunt van grassen ligt vaak in de nazomer. Om er kleur in te brengen doe ik daar dan bijvoorbeeld *Allium* (sierui) door. Dat bloeit eerder, in juni.'

Na deze ontboezeming van Piet Oudolf kan ik niet anders dan vaststellen dat niet alleen het maken van een goed ontwerp een uiting van kunst is, maar dat ook het opstellen van een beplantingsplan in die categorie thuishoort. Het is een kunst om telkens weer de goede plantensoorten te combineren, als groep of als solitair.

Ondergewaardeerd

De border, maar ook het totale beplantingsplan is voor veel opdrachtgevers vaak een ondergeschoven kindje en een ondergewaardeerd onderdeel van het ontwerpproces, omdat ze zich niet realiseren dat het opzetten van een mooi en bruikbaar plantadvies een lastige en tijdrovende bezigheid is die veel kennis van zaken vraagt. Ik neem zeker de tijd om de opdrachtgever te laten merken dat een beplantingsplan niet zomaar iets is van 'even invullen', maar dat er wel degelijk over dat aspect wordt nagedacht. Dan wordt duidelijk dat het maken van het beplantingsplan een belangrijk deel vormt van de totale werkzaamheden en zeker niet ondergeschikt is aan het maken van het ontwerp zelf.
Als tuinarchitect probeer ik daarom een zo goed mogelijk beeld op te roepen bij de opdrachtgever. Met referentiemateriaal probeer ik te visualiseren hoe het uiteindelijk gaat worden. De border zelf kan namelijk niet direct na de aanleg in zijn eindbeeld worden beleefd, want daar is tijd voor nodig – en bovendien geduld, fantasie en vertrouwen. Maar als het moment dan enige tijd later daar is, wordt het geduld beloond met een spetterend plantenfestijn.

Presentatie

Een zwart-wittekening kan vaak heel stijlvol overkomen. Wanneer deze wordt ingevuld met grijstinten die door middel van diverse rasters zijn aangebracht, ontstaat structuur in de tekening.

Hij wordt daardoor beter leesbaar, geeft meer informatie en de diverse functies zijn duidelijker te onderscheiden. Het voordeel van zwart-wit ten opzichte van een gekleurde versie is dat de lijnen en daarmee ook de hoofdstructuur van de tuin goed herkenbaar zijn. Kleuren willen nog wel eens informatie wegfilteren. Hoe dan ook: een niet-gekleurde tekening heeft het voordeel helder en zakelijk over te komen, zonder dat de aandacht wordt afgeleid door kleur en sfeer. Daarom geef ik altijd extra kopieën van het definitieve ontwerp in zwart-wit mee.

Kleur bekennen

Extra kopieën zijn bovendien handig voor het maken van aantekeningen, zodat voorkomen wordt dat het originele, ingekleurde exemplaar wordt misbruikt. Dat is namelijk zonde van zo'n artistiek kunstwerkje, de uiteindelijke sfeerimpressie van de nieuwe tuin, waar met hart en ziel aan is gewerkt. Enthousiaste tuineigenaren weten het gelukkig op waarde te schatten en gaan er zorgvuldig en respectvol mee om. Enkelen lijsten het ontwerp zelfs in en dan krijgt het als kunstuiting een mooi plekje aan de muur. Een beter bewijs van waardering kan ik me bijna niet voorstellen.

Inkleuren

Het inkleuren van een ontwerptekening is een leuke bezigheid, omdat de tuin tijdens het kleuren opnieuw wordt beleefd. Elk onderdeel in de tuin krijgt zijn eigen kleurcode, die eventueel is terug te vinden in een legenda. De legenda bestaat uit symbolen, met tekst en uitleg, die als afzonderlijke elementen in het tuinplan zijn gebruikt en in dat verband een totale compositie vormen.
Met de juiste toonzetting van op elkaar afgestemde kleuren, waarin contrast ook thuishoort, maak ik onderscheid in functies en beleving, alsof het de tuin zelf betreft.

Dat is in feite ook de bedoeling: een beeld proberen te schetsen van hoe het er in het echt uit komt te zien. Alleen gebeurt dat nu in het platte vlak, dus met slechts de dimensies lengte en breedte. Om daar nog wat meer inhoud aan te geven kunnen we die twee dimensies een beetje ruimtelijk gaan beleven: ik geef altijd het advies

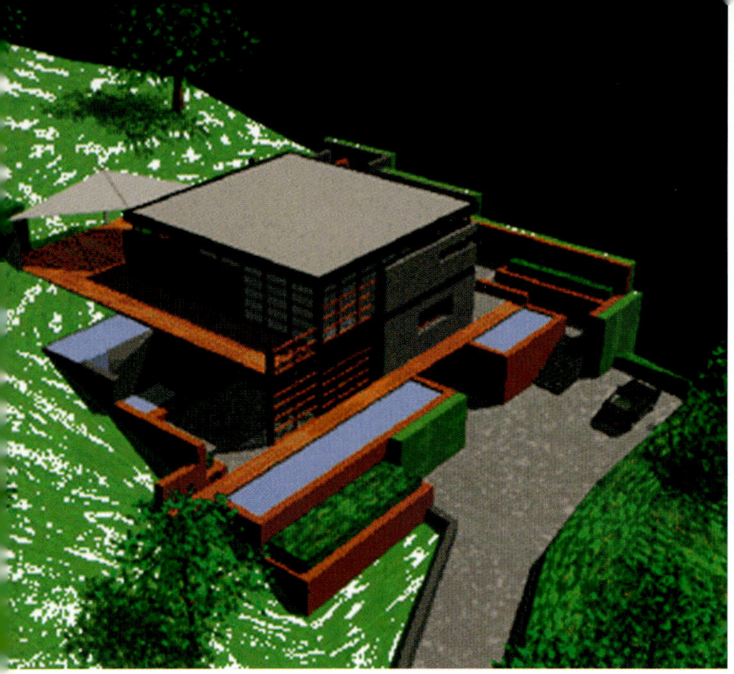

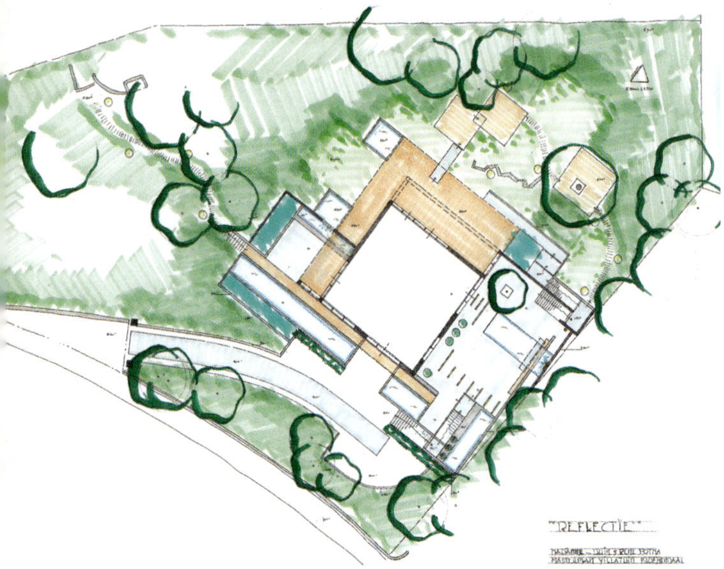

om de tekening niet van één kant te lezen, want door het plan steeds te draaien variëren kijkrichting en invalshoeken en wordt het ontwerp meer in een soort 'vogelvluchtperspectief' ervaren.

Met het inkleuren is er ook een einde gekomen aan de creatieve en intensieve ontwerpfase. Het maakt de geest vrij om aan een volgende opdracht te kunnen beginnen.

Visualisatie

Auto Cad, Vectorworks, SketchUp: het zijn namen van geautomatiseerde tekenprogramma's die door veel vormgevende disciplines worden gebruikt. Deze programma's vervangen heel simpel de traditionele manier van schetsen en tekenen, maar het vereist wel veel geduld en oefening om deze technieken onder de knie te krijgen en ze onder de knie te houden.

Jongere generaties ontwerpers groeien ermee op, die zijn vanaf het begin in staat om er optimaal gebruik van te maken. Dat lukt zolang je er dagelijks mee werkt. Dan heb je geen tekenpennen meer die lekken of je opeens met lege inktpatronen in de steek laten. Je maakt geen veranderingen en krassen meer op kwetsbaar transparant tekenpapier (calques), maar wel snelle kopieën die in verschillende 'lagen' zijn op te splitsen en waaraan functies worden toegekend als beplantingsplan, matenplan, rioleringsplan enzovoort.

Wat er echt interessant aan is, zijn de mogelijkheden om in relatief korte tijd realistische driedimensionale beelden te ontwikkelen, die op een heldere en overtuigende manier laten zien of ik als bedenker wel op het goede spoor zit met de ruimtelijke verhoudingen binnen het ontwerp.

Samenwerken met specialisten

Zeker voor mensen die moeite hebben met dat ruimtelijk inzicht en zich niet kunnen voorstellen hoe de tuin er na

realisatie uit komt te zien, zijn driedimensionale plaatjes een uitkomst. Zelf blijf ik toch met de hand schetsen, op welk schaalniveau dan ook – daar heb ik nu eenmaal het beste gevoel bij. Maar de extra ondersteunende werkzaamheden, die tijdrovend zijn, besteed ik graag uit aan jonge specialisten die daarmee een functionele en kwalitatieve bijdrage leveren aan het maken van een nog beter tuinproduct.

Vorm en inhoud

Het moment van presenteren brengt bij mij altijd wat spanning mee. Gezonde spanning wel te verstaan, meer het gevoel van vlinders in de buik. Ik ga iets laten zien waar ik zelf honderd procent achter sta, waar ik veel tijd en energie in heb gestoken en waarvan ik er persoonlijk vrij zeker ben dat het voldoende indruk zal maken op de nieuwe eigenaar van de tuin. Maar toch…

Ik heb echter één geruststelling en dat is dat de opdrachtgever nog veel zenuwachtiger is, maar vooral reuze benieuwd naar het resultaat waar ik mee kom.

De vorm van presenteren, maar ook de persoonlijke wijze waarop ik het breng en waarop ik mijn toelichting en onderbouwing ondersteun, met onder andere duidelijk foto- en ander beeldend materiaal, is in de meeste gevallen mede doorslaggevend voor een positieve reactie op het plan. Mits – en dat uiteraard in de eerste plaats – de gekozen stijl in het concept aan de verwachtingen voldoet.

Het is namelijk mijn expressieve vertaling van de wensen en ideeën van de opdrachtgever. En om succes te hebben moet hij zich er op zijn minst in kunnen herkennen en er aansluiting in vinden bij zijn verwachtingen. Maar het liefst bereik ik meer en streef ik ernaar die verwachtingen te overtreffen.

Uitvoering en details

Als voorbereiding op de uitvoering moeten nog allerlei zaken worden geregeld. Het betreft dingen die niet zomaar 'eventjes' worden aangepakt, maar die een nogal intensieve en tijdrovende periode vormen waarin ik veel onderweg ben.

Maar dan wel regelmatig in gezelschap van de opdrachtgever. Want natuurlijk hebben we in de ontwerpfase al met elkaar gestoeid over de toepassing van allerlei materialen, zowel harde en dode materialen als het levende groen; vervolgens is er een globale keuze gemaakt waardoor we in elk geval weten of terrassen in een grote plavuis of in een kleine bestratingsvariant worden uitgevoerd. Maar nu is het tijd om definitieve beslissingen te nemen. Ik moet namelijk straks concreet aan de hovenier kunnen aangeven wat de bedoeling is.

Op pad

Het betekent dat we fabrikanten, leveranciers en kwekerijen gaan bezoeken. Dat zijn intensieve, maar leuke en telkens weer leerzame uitstapjes – enerzijds omdat de nieuwe tuineigenaar dan met eigen ogen en handen kan aanschouwen en voelen waar ik het de hele tijd over heb gehad en overtuigd raken door zien in plaats van met woorden. Anderzijds geeft het mij voldoening om de opdrachtgever deelgenoot te laten zijn van de groene tuinwereld waarin ik mij zo thuis voel. Kwekerijen hebben mijn grote voorkeur, omdat het bezoeken daarvan mij steeds opnieuw kan inspireren. Dat zet me aan tot het krijgen van weer nieuwe ideeën.

Definitieve keuzes

Op 'locatie' kan er nog eens goed over worden nagedacht wat de voor- en nadelen zijn van een bepaalde keuze

en kunnen prijs en kwaliteit worden afgewogen. Als de knoop is doorgehakt, kunnen de bomen en planten op naam gelabeld en gereserveerd worden tot de hovenier ze kan transporteren en planten. Het is een hele zorg minder nu we weten wat we krijgen!

Deze zelfde manier van handelen geldt natuurlijk voor de definitieve keuze van de harde handelswaar. We nemen monsters mee en zorgen ervoor dat de keuze uiteindelijk bij de opdrachtgever zelf ligt. Het mag niet zo zijn dat deze achteraf moet concluderen: 'Dit is niet de goede steen en ik had het me heel anders voorgesteld.' Ik heb geleerd om dat te voorkomen door er meer energie en tijd in te steken, simpelweg door de opdrachtgever goed voor te lichten en in een vroeg stadium

‘Uit de combinatie van natuurlijk gegroeide en door mensen ontworpen vormen kunnen nieuwe vormen ontstaan die krachtiger en rijker zijn dan hun ouders’

Dick Huigens

bij dit proces te betrekken. Uiteindelijk verdient dit zich dubbel en dwars terug.
Bovendien probeer ik de opdrachtgever ervan te overtuigen dat investeren in een tuin voor de lange termijn is en dat de keuze voor kwaliteit en het hebben van geduld bijdragen aan een hoogwaardig eindresultaat.

Maatwerk

Veel onderdelen voor de tuin die kant-en-klaar op de markt te koop zijn, zul je bij de ontwerpers die in dit boek aan bod komen niet snel ontdekken. Dat wil niet zeggen dat wat de markt standaard te bieden heeft geen kwaliteit in zich heeft, maar omdat we bezig zijn met maatwerk – onder meer een gevolg van onze drang om onze creativiteit te willen tonen – wordt veel werk uitbesteed aan ambachtelijke bedrijven zoals een smid die aan metaalbewerking doet, een zeilmakerij die op maat gemaakte zonnezeilen ontwikkelt, betonconstructeurs voor vijvers, een glasfabrikant die gespecialiseerd is in transparantgekleurde kunststof schermen enzovoort. Eigenlijk vinden we voor alles wat een goede hovenier niet zelf kan maken en de markt niet kan bieden wel een partij die uitkomst biedt.

Innovatief

Het zoeken naar en onderhouden van contacten met die bedrijven is meer dan functioneel, omdat ze allemaal afzonderlijk innovatief bezig zijn met hun eigen productontwikkeling en afzetge-

'In wezen is het vanbinnen net zo complex als het vanbuiten eenvoudig is'

Piet Oudolf

'Want je moet dingen weg kunnen laten uit je hoofd en dat maakt het complex'

Piet Oudolf

bieden. Ik ontdek regelmatig nieuwe materialen met nieuwe toepassingsmogelijkheden die de moeite waard zijn om mee te gaan experimenteren. Deze wisselwerking inspireert trouwens beide partijen.

Soms is een eenvoudige schets met de juiste maatvoering al voldoende voor het aanvragen van een prijs, maar als er sprake is van extra aandacht voor windkracht (schermen), gronddruk (keermuren) en bijvoorbeeld waterdichtheid van beton (vijvers) zijn detailtekeningen nodig en is overleg tussen ontwerper, opdrachtgever, hovenier en constructeur geen overbodige luxe.

Lichtpuntje

Licht in de tuin – en dan bedoel ik kunstlicht – verlangt een eigen benadering binnen de inrichting van de tuin. Overdaad schaadt en zeker met licht kan de plank nog wel eens worden misgeslagen. Om te beginnen gaat het er natuurlijk om dat tuinverlichting gewenst moet zijn – niet iedere tuinliefhebber is ervan gecharmeerd; sommigen genieten juist van het donker, zoals de natuur het zelf regelt. En als er dan tuinverlichting komt, moet deze in goede verhouding staan met de tuin.

Binnen het ontwerpproces maak ik dan ook ruimte voor het opzetten van een indicatief lichtplan en geef ik op de definitieve tekening aan waar voor mijn gevoel lichtbronnen iets kunnen toevoegen aan de beleving van de tuin.

Lichteffecten

Ik stel mezelf altijd de vraag: hoe gaat de tuin qua sfeer en functie uitgelicht worden? En hoe zien de gebruikers het? Is licht nodig voor veiligheid, voor een looproute of ook voor sfeer als men tijdens de zomeravonden op het terras of juist elders in de tuin zit? Natuurlijk is ook in de winter, als men binnen zit en naar buiten wil kijken, naar de donkere contouren van de tuin, subtiele verlichting op zijn plaats.

Lichtvoorbereiding

Mijn advies is altijd om de grondkabels (let op het aantal aders in de kabel om het splitsen van stroompunten mogelijk te maken) voor de elektra door de hele tuin te leggen en met lussen boven de grond te markeren waar eventueel een armatuur gaat komen. Tijdens de aanleg van de tuin is dit goed te doen aan de hand van de tekening. Na het planten kan de situatie nog beter worden beoordeeld en kan het lichtplan worden verfijnd, zo nodig met ondersteuning van een professionele lichtadviseur. Kleine armaturen hebben mijn persoonlijke voorkeur; dat zijn vaak mooie, architectonische pareltjes. Ze mogen niet opvallen, maar wel gezien worden.

Kostenplaatje

Als we dan eindelijk echt alles hebben uitgewerkt, komt het aan op de hovenier en het plannen van de daadwerkelijke uitvoering. Het is voor de voortgang aan te bevelen om al in een vroeg stadium één of twee goede, vakbe-

kwame hoveniers te benaderen, die bekend zijn met dit niveau van tuinen aanleggen, en hen op de hoogte te brengen van de plannen die er gaan komen.

Net als aannemers in de bouw hebben hoveniers geen gebrek aan werk en plannen ze een opdracht pas in als die door de opdrachtgever definitief is verleend. Als dat gewenst is, breng ik in principe beide partijen bij elkaar. Dan kunnen ze met elkaar kennismaken en kan de hovenier meteen een indruk krijgen van de huidige situatie rond de tuin.

Voorlopige prijsindicatie

Op het moment dat de fase van het schetsontwerp is afgerond en besproken, vraag ik aan de hovenier(s) een eerste prijsindicatie, liefst in een open begroting, zodat naar de opdrachtgever toe inzichtelijk wordt wat de werkelijke kosten van levering en aanleg per afzonderlijk onderdeel gaan worden. Dit is een belangrijke fase, waarin eventueel nog bijgestuurd kan worden.

In geval van meerdere offerteaanvragen geef ik op tekeningen aan welke materialen en technische oplossingen zijn voorgeschreven. Voor grotere projecten komt er zelfs nog iets meer bij kijken: dan maak ik er een echt bestek van (nou ja, dat is specialistisch werk dat ik uitbesteed). Ik zorg er in elk geval voor dat de verschillende hoveniers dezelfde informatie krijgen, zodat in de aanbiedingen 'appels met appels' te vergelijken zijn.

'Ik vind water belangrijk. Het is spannend, het geeft een levende dimensie aan de ruimte en je kunt er weer andere beplantingen voor gebruiken'

Piet Oudolf

Nazorg en trends

Na het afronden van alle voorbereidende processen zit mijn werk er in principe op.

Ik draag alle gegevens en tekeningen over aan degene die mij de opdracht heeft verstrekt, verlaat het huis, sluit de deur achter me en kom nooit meer terug. Is dit het script voor een sprookje of een nachtmerrie? Helaas is het een stukje van de praktijk. Ze komen absoluut voor: mensen die het allemaal zelf beter denken te weten en zelf de regisseur willen spelen. Maar dat voel je meestal toch wel aankomen, dan ontbreekt de natuurlijke 'klik'. En als dat gebeurt, trek ik mijn handen ervan af. Over en uit.

Begeleiding

Ik hoor het mijn vrienden zeggen: 'Tja, het leven van een tuinman gaat nu eenmaal niet over rozen.' Maar gelukkig komt de geschetste situatie zelden of nooit voor, kan ik met de opdrachtgevers meestal een vertrouwensrelatie opbouwen en word ik door hen, de nieuwe enthousiaste tuiniers, gevraagd de begeleiding op me te nemen en toezicht te houden op de uitvoering. Soms betekent het dat ik maar een paar keer langskom, maar soms ook ben ik dagelijks op locatie. Dit is het moment van de waarheid: samen deelgenoot zijn van het ontstaan van de tuin. Het is emotioneel en ontroerend...

Onvoorziene omstandigheden

Er kunnen zich altijd onvoorziene omstandigheden voordoen, zaken die aan het licht komen tijdens het uitzetten en graven in de tuin: een oude fundering, een knots van een weerbarstige boom-

stronk, verschil in maatvoering tussen tekening en tuin, buren die opeens dwarsliggen… Er zijn dan aanpassingen nodig die óf extra geld kosten, waarmee het ontwerp overeind kan blijven, óf een flexibele ontwerper vereisen, die zijn plan zodanig aan moet passen dat er – zonder het concept echt geweld aan te doen – in goed onderling overleg en met niet al te veel oponthoud kan worden doorgebouwd aan de tuin.

Tijd

Vervolgens heeft de tuin tijd nodig om te groeien, om tot volwassenheid te komen. Als in die tussentijd blijkt dat door welke factor dan ook (door natuurlijke omstandigheden of door schuld van de mens) de tuin ruimtelijk niet zo spannend lijkt te worden en achterblijft bij de verwachtingen of als een plantencombinatie niet uit de verf komt, dan is het grote voordeel van een tuin, als buitenruimte, dat je het proces redelijk eenvoudig kunt bijsturen en (groene) elementen zonder al te veel problemen kunt verplaatsen. Dat is heel wat makkelijker dan met een statisch bouwvolume, zoals de woning zelf!

Soms is alsnog ingrijpen nodig

Je kunt bijvoorbeeld de hoogte van hagen aanpassen als door hun 'schuld' de ruimtelijke verhouding uit balans dreigt te raken – de muren van een huis lenen zich daar niet bepaald voor. Ik probeer dat aspect van de natuur te gebruiken, ik probeer speelruimte te

blijven houden om veranderingen – soms verrassend ingegeven door de natuur zelf en soms ook ontstaan door een veranderd inzicht – door te kunnen voeren.

Dat vergt wel eens wat overredingskracht, omdat de eerste reactie van de tuinbezitter toch is gebaseerd op het feit dat de tuin net is aangelegd en we het eigenlijk maar zo moeten laten. Maar de tijd zal hem leren dat ook in een later stadium de natuur toch haar eigen gang gaat, al denken we die onder controle te hebben.

Kunstuiting

Mijn ontwerpen zijn nooit tot het laatste detail ingevuld, ik vind dat er ruimte

moet blijven voor de eigen creatieve inbreng van de tuineigenaren. Door die (ruime) mogelijkheid open te laten om iets eigens toe te voegen, ontstaat er nog eerder een verbondenheid met hun nieuwe leefomgeving. Dat is buiten echt niet anders dan binnen.

Naast kleurrijke accenten als grote potten, boomkuipen, zonwering en in passende stijl gekozen buitenmeubels, pas ik in de tuin graag beeldende kunst toe. Binnen het ontwerp van de tuin houd ik altijd rekening met de mogelijkheid om er kunst in te plaatsen, op verwachte, maar ook op minder verwachte plekken.

Kunst geeft de tuin een eigen identiteit. De plaatsing van kunst wordt meestal door de opdrachtgever zelf ingevuld. Ik kan als tuinarchitect geen

kunst voorschrijven, want kunst is iets heel persoonlijks. Het moet liefst origineel zijn, uniek in haar toegevoegde waarde. Het vertelt iets over de innerlijke expressie van de mensen die er wonen. Maar gelukkig kent kunst heel veel uitingsvormen, zodat er voor iedereen wel iets te bedenken is.

Beeldende kunst op de juiste plek kan een tuin vervolmaken
Het is nog steeds van deze tijd: kunst als focuspunt aan het eind van een as, pad of denkbeeldige zichtlijn, naar klassiek voorbeeld. Kunst kan ook informeel zijn. Als iemand het aan mij zou vragen, zou mijn advies zijn: 'Zet het zogenaamd achteloos tussen de beplanting.' Dan wordt het verborgen kunst, alleen te ontdekken door de oplettende tuinbezoeker. En zet vooral niet te veel kunst in de tuin, maak er geen beeldentuin of galerie van – tenzij dat natuurlijk een onderdeel van de ontwerpopdracht is.

Te veel van iets – en dat geldt dus niet alleen voor beeldende kunst – geeft onrust, waardoor het de aandacht afleidt en het evenwicht van het totale beeld verstoort. Er is dan geen sprake meer van een rustpunt en daardoor is het effect van de basisopzet verdwenen. Dus strooi niet met kunst, maar ga er bewust mee om.

Trendy

Trends volgen betekent volgens mij letterlijk 'het volgen van de laatste

'Het onderhoud van mijn tuin mag nooit verworden tot een gevecht met de natuur. Wanneer dat wel gebeurt of dreigt te gebeuren, doe ik iets niet goed'

Henk Gerritsen

mode(gril)'. Zijn wij, mijn collega-ontwerpers en ik, dan trendsetters, trendvolgers of doen we aan trendbreuk? Ik denk dat we helemaal niks hebben met het fenomeen 'trend', tenzij dat wordt ervaren als het volgen van 'blijvende mode', want dan hebben we er juist wél wat mee.

Beïnvloeding blijft

Natuurlijk worden we beïnvloed door de wereld om ons heen. Dat is altijd zo geweest en dat zal ook altijd zo blijven. Zie het maar als een puur natuurlijk gegeven. Je kunt je hersenen niet even uitschakelen, die zijn constant actief, ook als we dat niet zouden willen. En dat is maar goed ook, want zonder hersenactiviteit zijn er ook geen bronnen van inspiratie om uit te putten. Wij werken vanuit ons gevoel en met wat het gevoel ons vertelt. Wij werken met natuurlijke en industriële elementen, oude en nieuwe gedachten, aspiratie door inspiratie. Ons werk is daarmee trendloos en tijdloos. En voor alles blijven we geloven in ons werk.

‘Vaak heb je op een dakterras een prachtig uitzicht, maar is het in de onmiddellijke omgeving veel te gedetailleerd en gefragmenteerd. Je ziet te veel details die te verschillend en lelijk zijn. Door de planten filter je deze er als het ware uit. Je kijkt over de planten heen en zo wordt je blik naar de verte gedwongen’

Pieter Croes en Bart Haverkamp

Tot slot

Met het afsluiten van dit boek begin ik eigenlijk al aan de voorbereiding van het volgende boek. Er is namelijk nog oneindig veel meer te vertellen en te laten zien over het fenomeen tuin en landschap, waar in dit boek echter geen ruimte meer voor is. Gelukkig maar, want het heeft een hoop tijd en energie gekost en dan is het goed om er een punt achter te kunnen zetten en de productie van tuinplannen weer op te pakken en het ontwerpproces zoals in dit boek is beschreven in praktijk te brengen. Zeker voor mijn vrouw Monique en dochters Babette en Daniëlle kan ik zeggen dat hun geduld wel eens op de proef werd gesteld. Maar ook zij bleven geloven in een mooi eindresultaat. Dank jullie wel voor jullie onvoorwaardelijke steun.

Dank ook voor de mentale steun van verdere familie, vrienden en natuurlijk de welwillende tuineigenaren die mij en fotograaf Henk Dijkman in de gelegenheid hebben gesteld hun tuinen te vereeuwigen.
Overig fotomateriaal is afkomstig van de Belgische fotograaf François de Heel en van fotografe Hanneke Reijbroek. Hiermee wil ik ook de redactie van *Home and Garden* bedanken, omdat zij enkele door Hanneke Reijbroek gemaakte, exclusieve foto's van mijn eigen tuin vrij hebben gegeven voor gebruik in dit boek.
Maar in het bijzonder verdient Gusta Warmerdam het om genoemd te worden. Op het moment dat het even niet wilde vlotten met het schrijven, sprong ze spontaan bij met een voicerecorder en heeft ze vele door mij ingesproken teksten 'live' weten vast te leggen. Als gespecialiseerd schijfster van toneelvoorstellingen had zij gelukkig weinig moeite met het ontcijferen van de, voor haar, soms technische wartaal.
En ten slotte wil ik mijn waardering uitspreken over de ontwerpers die met hun werk een spontane, maar o zo belangrijke bijdrage aan dit boek hebben geleverd. Dank voor jullie levendige interviews, inbreng van inspirerende uitspraken over de beleving van ons vak en het aanleveren van achtergrondinformatie over jullie eigen werk(wijze). Pieter Croes en Bart Haverkamp hebben net zelf een inspirerend boek geschreven over daktuinen. Henk Gerritsen zal het als natuurtuinman zeker waarderen als je De Priona Tuinen in Schuinesloot komt bezoeken. Henk Weijers leeft in onze gedachten voort als de man met de lange grijze paardenstaart die niets moest hebben van hoogdravendheid – en die als het even kon op zijn racefiets de omgeving van Haarlem doorkruiste. Dick Huigens is een bewezen en veelzijdig ontwerper – ik heb hem nu eindelijk eens persoonlijk leren kennen en ben vereerd dat hij, als een van mijn grote voorbeelden en zonder ook maar even te aarzelen, aangaf het leuk te vinden zijn medewerking te verlenen aan dit boek. Met Piet en Anja Oudolf heb ik vanaf mijn jeugd een bijzondere band opgebouwd; bij hen heb ik, als twaalfjarig jochie, op de midgetgolfbaan in Santpoort mijn eerste racefiets verdiend op een moment dat Piet begon aan zijn, inmiddels imposante, creatieve loopbaan en hij zijn eerste tuinen zelf ging aanleggen. En nog steeds als ik bij ze op bezoek ben eten we samen het vertrouwde broodje met oude kaas en drinken we een glas melk, net als 35 jaar geleden. De enige (ontwerp)vrouw in dit selecte gezelschap is Janine ten Horn, studiegenoot, collega en vriendin voor het leven. Al op jonge leeftijd was ze geïnteresseerd in het groene vak, getuige haar vroege bijdrage aan enkele tuinboeken van Wim Oudshoorn, en inmiddels is ze ook zelf auteur met de uitgave van *Tuinbasics*. Janine is een allround en inspirerende vakgenote, met een eigen visie en met een duidelijke persoonlijke stijl van werken.

Bart Hoes

Fotoverantwoording

Henk Dijkman: pag. 1, 2, 3, 4, 5, 6, 8, 10, 12, 15, 16, 17, 18, 19, 20, 21, 22, 23, 26, 28, 29, 32, 33, 34, 35, 36, 37, 38, 39, 40, 42, 43, 44, 45, 46, 47, 50, 51, 52, 53, 54, 57 rb, 58, 59, 60, 62, 63, 64, 66, 69, 70, 71, 72, 73, 74, 75, 76, 78, 79, 82, 83, 86, 87, 88, 89, 90, 91, 92, 93, 94, 95, 96, 98, 99, 100, 101, 103 li, 103 rb, 104, 105, 107, 108, 110, 111, 112, 117 ro, 119, 120 ro, 124, 125, 126, 127, 128, 130, 131, 132 rb, 134, 135, 137 3 × lb, 139 rb en ro, 141, 142, 143

François de Heel: pag. 24, 30, 31, 48, 49, 61, 67, 80, 81, 121

Hanneke Reijbroek: pag. 56, 57 ro, 85 ro, 103 ro, 114, 116, 122, 132 lb, 133, 138, 138 li

Hanneke Reijbroek/redactie Home and Garden: pag. 84, 85 rb, 102, 118 lo, 123 rb, 123 ro, 136, 137 lo, 137 rb

Bart Hoes: pag. 112 li, 118 lb, 120 rb, 132 o

Ontwerpverantwoording

Pieter Croes & Bart Haverkamp: pag. 20, 21, 32, 33, 48, 49, 53 rm en ro, 80, 81, 141

Henk Gerritsen: pag. 26, 28, 29 ro, 72, 73, 86 lb en lo, 92, 93, 120 ro, 139 rb en ro

Dick Huigens: pag. 1, 12, 15, 16 lb, 19 r, 22, 36, 37, 44, 45, 46, 47, 52, 53 rb, 66, 70, 71, 78, 79, 87, 88, 89, 100, 107, 108, 111 rb, 113, 125 ro, 127, 130 mo, 135 o, 142, 143

Janine ten Horn: pag. 29 rb, 50, 69, 74 lm, 75, 94 lb, 98, 99, 104, 105, 117 ro, 126 lb en rb, 128, 135 rb

Bart Hoes: pag. 6, 8, 16 rb, 18, 23, 24, 31, 56, 57, 58, 59, 60, 61, 62, 63 rb, 67, 76, 82, 83, 84, 85, 91, 94 lo, 95, 102, 103 ro, 110, 112 lb en lm, 114, 116, 117, 118 lo, 119, 120 rb, 121, 122, 123, 126 lo en ro, 130 mb en mm, 132, 133, 134 lo, 136, 137, 138

Piet Oudolf: pag. 2, 3, 4, 5, 10, 17 rb, 34, 35, 38, 39, 40, 42, 43, 63 o, 64, 74 lb, 90, 96, 101, 103 li en rb, 131, 134 r

Henk Weijers: pag. 51 rb en ro, 54, 118 lb, 124, 125 rb